♡ für meinen Berner ♡

Geburi 2014

brundu

BERN IM AUFBRUCH

Konzept und Bildbearbeitung:
Martin Mühlethaler

Bildauswahl und Text:
Philipp Stämpfli

Programm:
Elkana Aron

Grafik:
Claude Kuhn
Matthias Graf
Serge Nyfeler

Sprechtexte:
Andreas Thiel

Tonarbeit:
Peter von Siebenthal

Stimmen:
René Blum
Dänu Brüggemann
Marianne Hirschi
Ronnie Robberegt
Regula Siegfried
Urs Steffen
Andres Thiel
Rainer Zur Linde

BERN IM AUFBRUCH

Das Völlger-Panorama von 1894

Schriften der Burgerbibliothek Bern

IMPRESSUM

Bibliografische Information der Deutschen Nationalbibliothek

Die Deutsche Nationalbibliothek verzeichnet diese Publikation
in der Deutschen Nationalbibliografie; detaillierte
bibliografische Daten sind im Internet über www.d-nb.de
abrufbar.

Auslieferung an den Buchhandel:
Stämpfli Verlag AG, Bern

Druck:
Stämpfli Publikationen AG, Bern

© Burgerbibliothek Bern · 1. Auflage 2007
1. Nachdruck 2013

ISBN 978-3-7272-1224-6

Printed in Switzerland

INHALT

Hermann Völlger und sein Panorama	6
Das Geschehen jener Jahre	10
Globalisierung um 1890	12
Wirtschaft	12
Transport und Verkehr	14
Bürger und Verwaltung	18
Das geistige Leben	22
Bildung und Schule	22
Kirche	25
Kunst	26
Festspiele	29
Der rasante Wandel: Alltag vor 100 Jahren	30
Energie- und Wasserversorgung	30
Wohnen und Haushalt	32
Ernährung	33
Freizeit im Jahrhundert der Arbeit	34
Gott erhält Konkurrenz: Medizin und Psychiatrie	38
Literaturhinweise	42
Abkürzungsverzeichnis	45
Bilderindex	46
Anleitung	111
Dank	112

HERMANN VÖLLGER UND SEIN PANORAMA

Im Sommer 1894 trug der Fotograf Hermann Völlger seine Fotoausrüstung, zu der auch die schweren Glasnegative gehörten, auf den soeben fertig gestellten Turm des Münsters und nahm dort eine Panoramaansicht der Stadt Bern in acht Bildern auf. Gut 100 Jahre später vermögen moderne Technik und die Begeisterung eines Panoramensammlers daraus ein digitales Panorama zu erstellen, das uns das damalige Bern auf den Bildschirm bringt. Darauf basiert die CD, welche die Burgerbibliothek Bern hier vorlegt. Allerdings soll mehr geboten werden als eine zugegebenermassen schöne Ansicht der Bundesstadt. Anhand der Gebäude sollen die Funktionen der Stadt und das Leben ihrer Bewohner sichtbar gemacht werden. Dem Panorama wurden daher rund 600 Fotografien unterlegt, die den Betrachter durch das Bern des ausgehenden 19. Jahrhunderts führen. Die Auswahl der Bilder ist dabei weder systematisch noch «vollständig». Das hängt in erster Linie mit der Quellenlage und deren Zufälligkeiten zusammen.

Die Fotografie war in jener Zeit noch eine teure Angelegenheit, und so konzentrierten sich die Berufsfotografen auf Sujets, die sie auch verkaufen konnten. Deshalb sind die Attraktionen der Altstadt hundertfach abgelichtet, während die Aussenquartiere fast nicht dokumentiert wurden. Innenansichten von Gebäuden sind aus dieser Zeit ebenfalls praktisch nicht überliefert, und es ist darum mit viel Aufwand verbunden, wenigstens einige davon ausfindig zu machen. Dasselbe gilt für Fotografien, die sich in Privatbesitz befinden. Viele sind im Lauf der Zeit Aufräumaktionen zum Opfer gefallen, und die noch vorhandenen sind äusserst selten irgendwo in der Literatur nachgewiesen. Was uns heute besonders interessiert, sind die Verrichtungen des täglichen Lebens und Bilder aus der Arbeitswelt der Menschen. Doch gerade das wurde praktisch nicht dokumentiert: Wer machte schon teure Fotografien von banalen Selbstverständlichkeiten? So sind wir oft gezwungen, die Gebäude selbst als Ausdruck menschlicher Tätigkeiten zu interpretieren. Die nachfolgenden kurzen Texte zu den Themen, in welche die Bilder gruppiert sind, sollen dabei helfen.

Wir sind stolz darauf, dass mit der vorliegenden CD wohl zum ersten Mal in der Schweiz ein historisches Panorama digital verfügbar wird. Nun stellt sich natürlich die Frage, ob es denn anderswo auch noch solche historischen Panoramen gibt und, wenn ja, wie jenes von Bern in einen grösseren Rahmen einzuordnen ist.

Hermann August Julius Völlger (1855–1930) stammte ursprünglich aus Kösen in Sachsen-Anhalt. Ausser dass er Fotograf war, ist über ihn praktisch nichts bekannt. Sein Atelier befand sich von 1891 bis 1902 an der Marktgasse 41; von 1903 bis zu seinem Tod im Jahr 1930 arbeitete er an der Sulgeneckstrasse 6. Deshalb kann man auch nicht sagen, was ihn dazu bewegte, eben in jenem Sommer 1894 auf das Münster zu steigen. Allerdings wissen wir, dass es dafür seit langem schon Vorbilder gab.

Das wohl früheste Stadtpanorama Europas entstand 1548. Der Basler Conrad Morant (um 1510–vor 1573) zeichnete damals eine Rundansicht Strassburgs von der oberen Plattform des Münsters aus. Sie ist ein Holzschnitt im Format 87 x 68 Zentimeter, auf dem die Häuser auf das Münster ausgerichtet sind, das heisst, einige stehen stets auf dem Kopf, wie auch immer man das Blatt dreht. Allerdings verwendete Morant keine Messinstrumente, so dass sich Verzerrungen ergaben.

Panoramen im heutigen Sinn kamen Ende des 18. Jahrhunderts auf. Was das Panorama von begrenzten Bildern unterscheidet, ist, dass der Blick des Betrachters vom Zentrum ausgeht – so entsteht ein räumlicher Eindruck, den Bildausschnitte nie bieten können. Das erste als solches bezeichnete Panorama schuf Robert Barker (1739–1806) 1792 zusammen mit seinem Sohn. Es zeigte London und Westminster in einer 360°-Ansicht. Allerdings wurde es nicht als Kunstform, sondern als technisch-naturwissenschaftliche Neuerung verstanden. Das Wort «Panorama» entstand erst in diesem Zusammenhang und bezeichnete ein landschaftliches Gemälde, das einen Rundumblick wiedergab. Zu Ende des 18. Jahrhunderts wurde es Mode, Kirchtürme zu besteigen, damit man eine möglichst gute Rundsicht

HERMANN VÖLLGER UND SEIN PANORAMA

auf die Stadt erhielt. Die lohnenden Aussichtspunkte – nun nicht mehr nur Kirchtürme – fanden im 19. Jahrhundert ihren festen Platz in den Reiseführern. Dasselbe Erlebnis, wie es ein Panorama bot, konnte man auch auf einem Karussell geniessen. Wahrscheinlich ist es kein Zufall, dass dieses zur gleichen Zeit aufkam. Beides ist Ausdruck einer bis dahin so nicht wahrgenommenen Seherfahrung. Typisch ist, dass Panoramen zuerst Stadtansichten zeigten. Der Rundblick über die Stadt ist jenes Motiv, das die Maler schon früh veranlasste, aussergewöhnliche Breitformate zu wählen. Sie nahmen dazu bereits im 18. Jahrhundert die Camera obscura zu Hilfe. Weitere beliebte Panoramensujets wurden Gipfelrundsichten und Schlachtendarstellungen. Die grossen Panoramen wurden in eigens dafür errichteten Gebäuden ausgestellt. Diese waren 15 bis 20 Meter hoch und hatten einen Durchmesser von 30 bis 35 Metern. Die bemalte Fläche bestand in der Regel aus einer 100 bis 120 Meter langen und 13 bis 18 Meter hohen Leinwand. Das Panorama war eine städtische Erscheinung. Nur dort gab es ein Publikum, das gross und zahlungskräftig genug war, um ein solches Unternehmen mit seinen Eintritten überhaupt zu finanzieren.

In der Schweiz begann die Tradition der Panoramen mit Alpenrundsichten. Bereits 1792 zeichnete Hans Conrad Escher von der Linth (1767–1823) seine ersten 360°-Gebirgspanoramen, unabhängig von Barker. Auch andere Schweizer hatten schon Versuche mit allerdings nicht vollrunden Panoramen gemacht, beispielsweise Micheli du Crest (1699–1766) oder Samuel Gottlieb Studer (1761–1808). Diese Alpenpanoramen wurden im 19. Jahrhundert äusserst populär; es entstanden Hunderte davon. Das erste grosse gemalte Panorama der Schweiz war Marquard Wochers (1760–1830) 1814 vollendetes Panorama der Stadt Thun. Es ist heute zugleich das älteste noch erhaltene Panorama der Welt! Im weiteren Verlauf des 19. Jahrhunderts entstanden bei uns nicht sehr viele Grosspanoramen. Dafür wurden die Schweizer Künstler führend in der Herstellung von Kleinstpanoramen, meist Rundumsichten von Berggipfeln. Im letzten Viertel des Jahrhunderts nahm die Panoramenmalerei noch einmal einen Aufschwung – damals entstanden die Panoramen der Schlacht bei Murten, das Bourbaki-Panorama und weitere in Zürich, Genf, Luzern, Einsiedeln und Thun.

Schon seit den 1840er-Jahren unternahmen auch Fotografen Versuche, echte fotografische Panoramen herzustellen. Das grösste Problem war dabei der optische Verzug an den Rändern der Negative. 1859 testete der englische Fotograf Thomas Sutton (1819–1875) gekrümmte Glasplatten; allerdings war es sehr schwierig, die Platten gleichmässig zu beschichten. Eine erste befriedigende Lösung brachte 1888 der Celluloidfilm der Firma Eastman in Rochester (New York), der sich leicht krümmen lässt. In den Neunzigerjahren machte man Experimente, um fotografische Panoramen zu projizieren; so wurden Überblendungen und Spiele mit dem Licht möglich.

Jeder begrenzte Bildausschnitt zeigt nur einen Teil der Wirklichkeit; jenen nämlich, den der Fotograf ausgewählt hat. Das Panorama versucht, diese Subjektivität zu vermeiden, indem es dem Betrachter die gesamte Wirklichkeit zeigen möchte. Dies war eines der Mittel, mit denen die Fotografen anstrebten, sich und ihre Bilder als objektive Partner für wissenschaftliche Zwecke anzubieten.

Das erste fotografische Panorama entstand 1843 in London. Es war ein Holzstich, der auf Daguerreotypien basierte, welche von Künstlern umgezeichnet worden waren. Noch im gleichen Jahr schuf Joseph Puchberger in Wien das erste Panorama direkt aus Daguerreotypien, aber deren Technik entsprechend spiegelverkehrt. Fotografische Panoramen entstanden in der Folge von allem, was sich verkaufen liess, insbesondere exotische Ansichten von Kairo, den Pyramiden von Giseh, Guatemala-Stadt, den Inkaruinen, San Francisco, den Niagarafällen, Peking, Sydney oder dem Golf von Neapel. Wie viele fotografische Panoramen heute in der Schweiz noch existieren, ist schwer abzuschätzen. Von Genf gibt es ebenfalls ein Panorama aus dem Jahr 1894, wie in Bern von der Kathedrale aus aufgenommen. Bekannt sind zudem Panoramen von Lausanne aus den Jahren 1884 und 1886, wenn auch nicht ganz in der 360°-Ansicht.

HERMANN VÖLLGER UND SEIN PANORAMA

Wie wir sehen, ist das Panorama Völlgers nicht aus dem Nichts entstanden. Auch der Ausbau des Münsterturms hat das Seine zu dessen Entstehung beigetragen. Deshalb soll seine Geschichte hier kurz dargestellt werden:

Zwei Entwicklungen trugen ganz wesentlich dazu bei, dass Bern sein Münster doch noch im Sinn der Stiftergeneration vollendete. Zuerst einmal lag das Vorhaben sozusagen in der Luft. Es gab Vorbilder: Köln, Speyer, Regensburg, Frankfurt am Main, Ulm, Wien mit Turmbauten; Fassadenabschlüsse in Florenz und Mailand; neue Kirchen in Berlin, Stuttgart, Basel, Hamburg. Ein Grund für diese Aktivitäten dürfte der damals herrschende Historismus gewesen sein. Man besann sich auf die Leistungen der Vorväter und versuchte sie, wo nötig, zu vollenden. Im Falle des Münsters von Bern paarte sich dieser mit dem zur gleichen Zeit starken Patriotismus. Entsprechend liest sich die Begründung, die der Münsterbauverein in seinem Jahresbericht von 1887 für die Vollendung des Turmes selbst gab:
«Das Münster muss ausgebaut werden,
- weil nur ein ausgebautes Münster den Anforderungen entspricht, welche der Schönheitssinn an eine Stadt von der Grösse und Bedeutung Berns und an deren unbestritten schönstes Bauwerk zu stellen berechtigt ist.
- weil es eine Ehrensache ist, dass die eidgenössische Bundesstadt Bern die bedeutendste künstlerische That der alten Republik Bern und der alten Eidgenossenschaft überhaupt würdig zu Ende führe.
- weil es für unsere Zeit des wiedererwachten geschichtlichen Kunstsinns und der fortgeschrittenen technischen Mittel ein Unrecht wäre, ein Bauwerk der Vorzeit, wie den Münsterthurm, in einem Zustande zu lassen, worin nur seine Schwächen und nicht seine Verdienste zur Geltung kommen und weil es Berns nicht würdig wäre, hinter den kunstsinnigen und pietätvollen Bestrebungen anderer zum Theil kleinerer und ärmerer Städte zurückzubleiben.»

Echte historische Gesinnung rief danach, alles so herzurichten, wie es ursprünglich war respektive hätte sein sollen. Im selben Jahresbericht des Münsterbauvereins liest sich das so:
«Diese einzig richtige und wahre Grundlage alles Ausbaues aber ist die Vollendung des Münsterthurms im Sinne seines ursprünglichen Erbauers Matthäus Ensinger.»

Die zweite wichtige Entwicklung, welche den Turmausbau förderte, war politischer Natur: Im Lauf des Jahrhunderts verloren die Konservativen zuerst im Kanton (1858) und dann in der Stadt (1888) definitiv die Mehrheit und mussten sie an die Radikalen abtreten. Diesen Machtverlust versuchten sie wenigstens symbolisch zu kompensieren, indem sie die Vergangenheit in ihrem Sinn deuteten. Dabei waren ihnen nicht nur historische Festspiele und neu errichtete Denkmäler dienlich, sondern auch der Ausbau des Münsters. Der erste Vorstand des Münsterbauvereins von 1887 setzte sich aus sechs Burgern und fünf Nichtburgern zusammen. Von den fünf Nichtburgern erhielten allerdings in den darauf folgenden Jahren noch drei das Burgerrecht.

So wie der Abbruch des Christoffelturms im Jahr 1865 eine Demonstration der Radikalen gewesen war, wurde der Ausbau des Münsterturms nun zu einem weithin sichtbaren Zeichen für die Grösse und Leistungen des alten Berns. Ist es ein Zufall, dass Hermann Völlger genau von dort aus jene Stadt porträtierte, auf die man so stolz war?

HERMANN VÖLLGER UND SEIN PANORAMA

DAS GESCHEHEN JENER JAHRE

Auf Bundesebene waren die letzten Jahrzehnte des 19. Jahrhunderts durch zwei grosse Entwicklungen geprägt. Einerseits brachte die Bundesverfassung von 1874 die Übertragung vieler Kompetenzen von den Kantonen auf den Bund, was in den folgenden Jahren lange Kämpfe um die gesetzliche Ausgestaltung nach sich zog. Andererseits kam mit der erwähnten Verfassung das fakultative Referendum für Bundesgesetze und -beschlüsse, so dass die Politiker den Volkswillen stärker berücksichtigen mussten. Viele Probleme, die man später auf Bundesebene löste, wurden erst diskutiert. Dies waren etwa die Verstaatlichung der Bahnen oder die Schaffung einer Staatsbank, die jedoch erst 1907 gegründet wurde. Zu den grossen Werken, die der Bund in Angriff nahm, gehörte die gesamtschweizerische Harmonisierung des Rechts. Das Volk nahm 1898 den Vereinheitlichungsartikel für das Zivil- und das Strafrecht an. Wenig Mühe mit dem Bund hatten die Kantone dann, wenn er Geld verteilte: so beispielsweise beim Gesetz betreffend die Förderung der Landwirtschaft von 1894. In die Erweiterung der Bundesaufgaben passt auch der Beschluss vom 28. Juni 1894, eine Landesbibliothek zu gründen. Das Militärwesen war zwar ein Stück weit immer noch kantonal organisiert, aber auch hier übernahm der Bund immer mehr Aufgaben. Stein gewordenes Zeugnis dieser Entwicklung sind die 1895 fertig gestellten Festungen am Gotthard und bei St-Maurice. Sie hatten 15 Millionen gekostet. Das ist ein beträchtlicher Betrag: 1894 machte die Eidgenossenschaft bei Einnahmen von 84 Millionen einen Überschuss von 371 000 Franken.

Der Bund wurde auch im Interesse der Wirtschaft tätig. Ein Handelsvertrag mit Frankreich und ein Vertrag über Patent-, Muster- und Markenschutz mit Deutschland traten 1894 in Kraft. Erfreulich war für die Schweizer Wirtschaft, dass Amerika im selben Jahr die Schutzzölle abschaffte. Mit Norwegen kam ebenfalls 1894 ein Vertrag über Handel und Niederlassung zustande.

Unter dem Eindruck von Bombenattentaten, Krawallen und Gewaltaufrufen erliess der Bund 1894 das «Anarchistengesetz». Viel zu reden gaben auf Bundesebene drei Initiativen. In der Volksabstimmung vom 3. Juni 1894 lehnten das Volk und alle Kantone die sozialdemokratische Initiative für das Recht auf Arbeit ab [*Kesslergasse 41*]. Ebenfalls abgelehnt wurde die so genannte «Beutezug»-Initiative (eigentlich: Zollinitiative). Die Initianten wollten, dass der Bund von seinen Zolleinnahmen zwei Franken pro Kopf der Wohnbevölkerung an die Kantone abliefern solle. Eine Initiative der Sozialdemokraten zur Einführung einer allgemeinen Alters- und Invalidenversicherung kam mangels genügend Unterschriften nicht zustande.

Die internationale Verflechtung und der Ausbau der Eisenbahn zwangen die Schweiz dazu, sich mit ihrer Zeitmessung nach den Nachbarstaaten zu richten. Am 31. Mai 1894 wurden deshalb die Uhren um Mitternacht um eine halbe Stunde auf halb eins vorgestellt [*Zeitglocken*].

Neben den grossen Themen beschäftigten den Bundesrat manchmal auch weniger entscheidende. 1894 erteilte der Bund der Jungfraubahn die Konzession. Eine der Bedingungen war, dass sie den Gipfel der Jungfrau nicht exproprieren, das heisst für ihre Bauten enteignen durfte. Ein weiteres Detail aus dem Alltag des Bundesrates ist dem politischen Jahrbuch 1894–1895 von Carl Hilty zu entnehmen: «Ein Selbstmörder, Namens Schallberger, katholischer Konfession, wurde im August 1894 in Stans auf dem für Protestanten abgegränzten Theile des Friedhofes und zu einer ungewöhnlichen Tageszeit, ohne das übliche Geläute begraben. Der Bundesrath beschloss auf Rekurs am 11. Januar 1895 ihn ausgraben und in der gewöhnlichen Reihe der katholischen Gräber neu begraben zu lassen.» (S. 390)

Wie beim Bund, so begannen sich auch bei den politischen Parteien die Strukturen zu festigen. Nachdem die Sozialdemokratische Partei schon 1888 ins Leben getreten war, gründeten im Februar 1894 liberale, demokratische und radikale Gruppen in Olten die Freisinnig-Demokratische Partei. Am 13. August hoben Delegierte aus 19 Kantonen in Luzern die Katholische Volkspartei aus der Taufe. In Bern folgte die Gründung der entsprechenden Kantonalparteien in der zweiten Hälfte der Neunzigerjahre: Sozialdemokraten 1895, Freisinnige 1896, Konservative 1898.

Die Berner führten 1894 in einer Gemeindeabstimmung das Proporzsystem zur Wahl des Stadtrates ein. Dies hatte zur Folge, dass die Sozialdemokraten ihre Position stark ausbauen konnten: Die Zahl ihrer Vertreter stieg von 3 im Jahr 1895 auf 34 im Jahr 1911. In Bern fanden 1894 noch weitere wichtige Abstimmungen statt. Die Bürger genehmigten den Bau der Kornhausbrücke und den Vertrag mit dem Bund, der den Bau des Bundeshauses ermöglichte. Diese Abstimmung war allerdings von heftigen Auseinandersetzungen über die Frage nach Nutzen und Kosten des Parlamentsgebäudes begleitet.

Grosse Konflikte gab es mit den Arbeitnehmern. 1894 fanden in der Aula der Hochschule die Prozesse statt, in denen der Käfigturmkrawall aufgearbeitet wurde [*Käfigturm*]. Die Strafen waren hart und wurden später teilweise gemildert. 1894 war auch ein Streikjahr. Der Gemeinderat reagierte mit einer Polizeiverordnung, welche die Folgen von Streiks für Unternehmer und Arbeitswillige beschränken sollte. Eine der Gruppen, die streikte, waren die Schneidergesellen. Sie verlangten mehr Lohn. Allerdings drangen sie nicht durch, und etliche wurden entlassen und durch andere ersetzt [*Postgasse 54*].

Zwei Epidemien waren zu bewältigen. 1893 und zu Beginn des Jahres 1894 richtete die Maul- und Klauenseuche grosse Schäden an. Die Menschen hatten zudem unter einer Blatternepidemie zu leiden, der acht Personen zum Opfer fielen. Die Blattern sind heute besser bekannt unter dem Namen Pocken [*Freiburgstrasse 82*]. Dies liess die Diskussionen um die Wirksamkeit der Immunisierung wieder aufflammen. Das Berner Taschenbuch vermerkt lapidar: «Die Blatternfurcht hat eine Impfmanie zur Folge.» Allerdings hielten nicht alle Leute die Massnahme für nötig: Am 15. November wurde auf der Staatskanzlei eine Initiative mit über 10 000 Unterschriften deponiert, die eine Aufhebung des Impfzwangs forderte. Sie wurde 1895 knapp angenommen.

DAS GESCHEHEN JENER JAHRE

Zum Schluss seien noch drei Details erwähnt, an die sich heute wohl niemand mehr so recht erinnern: 1894 fand in Bern ein internationaler Tierschutzkongress statt; diskutiert wurde unter anderem der Schutz der Wandervögel durch eine internationale Konvention. Unter dem 23. August notiert das Berner Taschenbuch: «Internationale Pflugprobe in Burgdorf. Die deutschen Fabrikate werden geschlagen.» Am selben Ort ist weiter zu lesen: «12. November: Kantonsbuchhalter Hügli erhält an der internationalen Ausstellung für Buchhaltung in Lyon ein Ehrendiplom.» Das waren noch Zeiten!

Angaben in [*Klammern*] sind Hinweise auf die Bilder im Panorama.

GLOBALISIERUNG UM 1890

Wirtschaft

Die wirtschaftliche Entwicklung der Schweiz muss man vor dem Hintergrund der Bevölkerungsentwicklung sehen. Von 1880 bis 1910 nahm die Bevölkerung von ungefähr 2,83 auf 3,75 Millionen zu. Der Grossteil dieses Anstiegs entfällt auf die Zeit nach 1888, geschah also in etwas mehr als 20 Jahren. Allerdings war die Verteilung des Wachstums zwischen Stadt und Land ungleich: In den Städten betrug die Bevölkerungszunahme in dieser Zeit 73,5 Prozent, während sie in andern Regionen deutlich schwächer ausfiel; in agrarisch geprägten Gebieten waren es nur rund 7 Prozent. Es fand also eine starke Verstädterung statt. Bern wuchs von 1888 bis 1910 von 46 000 auf 85 600 Einwohner an. Das Wachstum ging in erster Linie auf ein starkes Absinken der Sterblichkeit zurück. Am markantesten war dies bei der Säuglingssterblichkeit, die in diesem Zeitraum dank verbesserter hygienischer Verhältnisse auf rund die Hälfte sank [*Schanzenstrasse 23*]. Dazu erfolgte eine grosse Migration in die Schweiz; seit 1888 verzeichnete sie einen Einwanderungsüberschuss. Der Anteil der Ausländer an der Wohnbevölkerung stieg von 1888 bis 1914 auf das Doppelte. In Bern erreichten sie 1910 allerdings nur 7 Prozent der Wohnbevölkerung.

Die soziale Schichtung der Stadt sah wesentlich anders aus als heute: Die Hälfte der Einwohnerschaft gehörte zur Unterschicht. Rund ein Drittel konnte sich zum Mittelstand zählen, und die Oberschicht machte knapp 20 Prozent aus. Zahlenmässig marginal, politisch und wirtschaftlich jedoch bedeutend waren die Burger: Sie repräsentierten um 1900 zwar nur noch 6 Prozent der Gesamtbevölkerung der Stadt, aber vier Fünftel jener Familien, die mehr als eine halbe Million Vermögen versteuerten, gehörten zur Burgerschaft.

Ein markanter Unterschied zu heute bestand in der Altersverteilung der Bevölkerung. 1910 war nur ein kleiner Teil der Bevölkerung über 60-jährig; fast ein Drittel war unter 14 Jahre alt.

In der Zeit zwischen 1885 und dem Ersten Weltkrieg integrierte sich die Schweiz in die Weltwirtschaft: Zu den bisher schon exportorientierten Branchen Uhren und Textilien kamen neue dazu wie Nahrungsmittel, Maschinenbau, Tourismus und Banken. In diese Periode fällt auch die Entstehung der chemischen und der Elektroindustrie. Etwas später als in der übrigen Schweiz begann um 1890 der Aufschwung auch im Kanton Bern. Dieser holte in den zwei Jahrzehnten bis zum Ersten Weltkrieg die industrielle Revolution nach und entwickelte sich zu einer modernen Volkswirtschaft. Das Bevölkerungswachstum und die gute Konjunktur führten zu einem Bauboom. Die Stadt Bern erlebte einen wirtschaftlichen, ökologischen und sozialen Wandel, der alles Frühere übertraf: «Gesellschaftliche Orientierungen, Lebensgefühl und Kultur wurden durch diesen Modernisierungsschock nachhaltig geprägt.» (Pfister, S. 257)

Der Eisenbahnbau führte im wahrsten Sinn des Wortes zu einer Vernetzung der Schweiz mit den Nachbarstaaten. Dadurch und durch eine massive Senkung der Transportkosten eröffneten sich der Exportwirtschaft neue Chancen. Die Bahnen brachten zudem die Tourismusindustrie im Oberland in Schwung.

Um 1890 war Bern zum Uhrenkanton der Schweiz aufgestiegen. Die Schweiz exportierte damals Uhren im Wert von 100 Millionen Franken, etwa die Hälfte davon aus dem Kanton Bern. Gemessen an der Zahl der Arbeitsplätze war die Textilindustrie die zweitwichtigste Branche, an dritter Stelle kam die Bauwirtschaft.

Zwischen 1888 und 1910 entstanden im Kanton Bern im Industriesektor 11 281 neue Arbeitsplätze. Einen wichtigen Platz nahm die Veredelung einheimischer Rohstoffe ein (Nahrungsmittel, Steine, Erden, Wasserkraft). Nebst den traditionellen Leichtindustrien entstanden neue Zweige: Metall-, Porzellan-, Zement- und Nahrungsmittelindustrie, Maschinenindustrie, Apparatebau und Herstellung von Stromverteilungsanlagen. Im Vergleich mit den übrigen Kantonen durfte der Kanton Bern durchaus als industrialisiert gelten: 1895 befanden sich zwölf Prozent der Industriebetriebe der Schweiz im Kanton Bern; sie beschäftigten elf Prozent der Arbeiterschaft des Landes.

GLOBALISIERUNG UM 1890

Allerdings beschränkte sich die Industrialisierung auf die grösseren städtischen Gebiete mit Ausnahme des Südjuras mit seiner Uhrenindustrie; in den übrigen Gegenden dominierte noch immer die Landwirtschaft.

Erst im Lauf des 19. Jahrhunderts hatte sich die Landwirtschaft definitiv von den feudalrechtlichen Bindungen gelöst und konnte damit viel flexibler als bisher auf die Erfordernisse des Marktes reagieren. Das Jahrhundert brachte einen Aufschwung der Viehzucht und damit verbunden eine grosse Steigerung der Milch-, Fleisch- und Düngerproduktion. Dies erlaubte es, die stark wachsende Bevölkerung zu ernähren.

Bern war in den 1890er-Jahren, entgegen seinem Ruf, keine Beamtenstadt. Gemäss der eidgenössischen Volkszählung von 1900 verteilten sich die Berufstätigen im Amtsbezirk Bern wie folgt: Landwirtschaft: 15,5 Prozent; Industrie und Gewerbe: 48 Prozent; Handel, Dienstleistungen, inklusive öffentliche Verwaltung: 29 Prozent; Verkehr: 7,2 Prozent.

Der hohe Anteil der in der Landwirtschaft Tätigen erklärt sich daraus, dass der Amtsbezirk auch die ländlichen Gemeinden rund um die Stadt einschloss [*Klösterlistutz*]. Noch 1910 waren nur fünf Prozent der städtischen Bevölkerung in der Verwaltung tätig; dagegen arbeiteten beispielsweise noch immer elf Prozent als Dienstboten. Die starke Stellung des Sektors «Industrie und Gewerbe» dürfte in der Stadt Bern unter anderem mit dem Baugewerbe zusammenhängen. Es entstanden in dieser Zeit nicht nur viele Grossbauten wie beispielsweise das Bundeshaus Ost [*Inselgasse 9*], das Parlamentsgebäude [*Casinoplatz*], die Universität [*Grosse Schanze*], das Stadttheater [*Reitschulhof 2*], das Bundesarchiv, die Kornhausbrücke, die Reithalle oder die Dreifaltigkeitskirche, sondern als Folge des grossen Bevölkerungswachstums auch zahlreiche Wohnhäuser. Zählte die Stadt 1860 noch 1872 Wohnhäuser, so waren es 1880 bereits 2953 und 1900 deren 4711. Der Bauboom verschaffte vielen Handwerkern Arbeit [*Helvetiaplatz 5*]. Damit ist bereits gesagt, dass die Industrialisierung das Handwerk nicht einfach verdrängte. Allerdings gab es tatsächlich Gewerbe, die der Konkurrenz durch die Industrie zum Opfer fielen. Die Hersteller von billigen Massengütern konnten mit den Fabriken nicht mithalten. Nebst den Bauhandwerkern überlebten viele, die sich mit Reparaturen beschäftigten, beispielsweise Schuhmacher. Gute Chancen hatten zudem die Produzenten von Nischenprodukten und Luxusgütern [*Marktgasse 45*], Beschäftigte des graphischen Gewerbes oder solche, die sich im Detailhandel [*Marktgasse 51, 61; Schauplatzgasse 7*] betätigten. Neu etablierten sich auch Zulieferbetriebe für die Industrie.

Die Textilindustrie war in Bern um 1900 am wichtigsten. Daneben waren aber auch die Maschinen- und Metallindustrie, die graphische und die Lebensmittelindustrie [*Gurten-Brauerei; Steinhölzli; Mühlenplatz 5–15; Effingerstrasse 67*] von Bedeutung. Die Stadt hatte in dieser Zeit einige durchaus gewichtige Industriebetriebe aufzuweisen. Aus einer ersten Phase der Industrialisierung stammten die Seidenweberei Simon [*Seidenweg 12*] und die Spinnerei Felsenau. Ebenfalls zum Textilsektor gehörte die 1888, in der zweiten Industrialisierungsphase, gegründete Strickwarenfabrik Wiesmann & Ryff [*Sandrainstrasse 3*]. Auch in der Metall- und Maschinenindustrie entstanden grosse Betriebe: so etwa Hasler, die Eidgenössische Waffenfabrik, die von Roll, die Druckereimaschinenfabrik WIFAG und die Zentralheizungsfabrik (später Zent AG). Aus dem Bereich der Nahrungsmittelherstellung erlangten die Firmen Tobler und Wander Weltruhm. Weniger als Geschäftsmann denn als Hersteller bester Schokolade wurde Rudolf Lindt (1855–1909) bekannt [*Wasserwerkgasse 9, 20*].

Werfen wir kurz einen Blick auf die Umstände, unter denen die Menschen lebten und arbeiteten. Die Arbeitszeit wurde im Lauf des 19. Jahrhunderts kürzer. Hatte sie noch in den 1850er-Jahren 12–14 Stunden betragen, so legte das eidgenössische Fabrikgesetz von 1877 eine tägliche Normalarbeitszeit von 11 Stunden fest. Am Samstag durfte nur 10 Stunden gearbeitet werden, was eine Wochenarbeitszeit von 65 Stunden ergab. Für Hilfsarbeiten

GLOBALISIERUNG UM 1890

galten diese Bestimmungen jedoch nicht, so dass auch längere Arbeitszeiten möglich waren. Das Gesetz wurde insgesamt aber schlecht befolgt und durch eine Reihe von Ausnahmebestimmungen unterlaufen. In den gewerblichen Branchen, die nicht dem Fabrikgesetz unterstanden, konnten die Kantone die Verhältnisse regeln. Mit der Zeit sanken jedoch die Arbeitszeiten generell: In den Fabriken war 1910 der 10-Stunden-Tag die Regel. In vielen Gewerben und Dienstleistungsberufen waren die Arbeitszeiten jedoch oft noch erheblich länger – in Extremfällen immer noch bis zu 16 Stunden am Tag.

Die Frauen machten im betrachteten Zeitraum rund einen Drittel aller Berufstätigen aus. Der grösste Teil arbeitete in der Textilindustrie, der Bekleidungsbranche und als Dienstbotinnen. Im letzteren Bereich betrug der Frauenanteil über 90 Prozent. Die Löhne erreichten durchschnittlich 53 bis 65 Prozent der Männerlöhne. Allerdings waren auch diese oft so tief, dass sie nicht zum Überleben einer Familie genügten. Deshalb waren die Frauen in der grossen Mehrheit der Arbeiterfamilien direkt gezwungen, einer bezahlten Arbeit nachzugehen. Selbst bei niederen Angestellten und Beamten reichte der Männerverdienst nur in zwei Dritteln der Fälle aus, die Familie zu ernähren. Die Reallöhne stiegen zwar von 1890 bis 1913 um rund einen Drittel an. Aber trotzdem gab es immer noch Gruppen (vor allem ungelernte Arbeiter), die am Rande des Existenzminimums lebten.

Der generelle Lohnanstieg machte sich auch bei den Einkünften des Kantons bemerkbar. In der Periode von 1855 bis 1904 nahmen von allen Staatseinnahmen die direkten Steuern am stärksten zu; besonders gross war der Anstieg nach 1896. Der Kanton Bern stand damals schweizweit an der Spitze, was den Reichtum der Bevölkerung betraf. Der durchschnittliche Berner Sparkasseneinleger hatte 1897 ein Guthaben von 1092 Franken – nur gerade in den drei Kantonen Uri, Zug und Schwyz war der Durchschnitt höher. Der Kanton Bern wies mit 17 Prozent der Bevölkerung immerhin 23 Prozent aller Sparguthaben der Schweiz auf [*Bundesgasse 2/Schauplatzgasse 1*]. Zum Vergleich: Zürich verfügte mit 12 Prozent der Einwohner über 11 Prozent der Guthaben.

Der Wirtschaftsboom der Neunzigerjahre erzeugte eine grosse Nachfrage nach billigen Arbeitern zur Verrichtung unqualifizierter Arbeit. Befriedigt wurde sie zum grössten Teil durch die Beschäftigung von Italienern. In den Berufen, welche eine höhere Qualifikation verlangten, waren Franzosen und Deutsche stärker vertreten. Am höchsten war der Ausländeranteil um 1900 in den Branchen Bau, Chemie und Holz. Da die ungelernten Italiener gleichartige schweizerische Arbeitskräfte mit tieferen Löhnen und einem höheren Arbeitstempo konkurrenzierten, kam es zu Konflikten, die sich bis zu Krawallen ausweiten konnten [*Käfigturm*].

Das, was wir seit den 1930er-Jahren als «Arbeitsfrieden» kennen, war vorher unbekannt; die Schweiz war ein Land mit heftigen Arbeitskonflikten. Die Anzahl der Streiks schwankte, stieg aber zu Beginn des 20. Jahrhunderts markant an. Von 1880 bis 1913 entfielen am meisten Streiks auf die Branchen Bau und Holz, an zweiter Stelle folgte die Textil- und Bekleidungsindustrie. Der Schneiderstreik von 1894 in Bern war ein in dieser Hinsicht typisches Ereignis. Die Erfolgsquote von Streiks war im Durchschnitt recht hoch: Vollen und teilweisen Erfolgen steht nur gerade ein Viertel kompletter Misserfolge gegenüber. In der Stadt Bern schritt bei 8,1 Prozent der Streiks die Polizei ein.

Transport und Verkehr

Der öffentliche Verkehr in der Stadt Bern bestand in den 1890er-Jahren aus drei grossen Systemen: der Bahn, der Postkutsche und der Strassenbahn. Privat betrieben, aber öffentlich zugänglich war die Vorläuferin des Taxis, die Droschke. Die Schifffahrt auf der Aare verlor mit der Ankunft der Eisenbahn ihre Bedeutung.

1844 erreichte die Eisenbahn, von Mühlhausen herkommend, Basel und damit die Schweiz. Die erste Bahn innerhalb der Schweiz war die 1847 eröffnete Linie von Zürich nach Baden. In den 1850er-Jahren begann schliesslich der Aufbau des Eisenbahnnetzes in grossem Stil. Im Zeitraum von 1850 bis 1910

GLOBALISIERUNG UM 1890

wurde in der Schweiz nicht nur das Eisenbahnnetz gebaut, es fand darauf auch eine starke Beschleunigung der Fortbewegung statt: Im Vergleich zu 1850 reiste man 1910 fünfmal schneller. Auch die Dichte der fahrplanmässigen Verbindungen nahm in diesem Zeitraum um rund das Vierfache zu. Das Reisen per Bahn wurde zudem markant billiger; in absoluten Zahlen mehr als die Hälfte, wenn man die Teuerung und den Anstieg der Löhne berücksichtigt, rund fünfmal.

Die Stadt Bern erhielt 1857 den Anschluss an die Linie Basel–Olten–Bern der Schweizerischen Centralbahn. Bis zum Bau der Eisenbahnbrücke (1858) [Eisenbahnbrücke] und der Eröffnung des Bahnhofs (1860) [Bollwerk 4] mussten die Züge im Wyler halten. Recht bald kamen Verbindungen in andere Richtungen dazu: 1859 jene nach Thun; 1862 konnte auch die durchgehende Linie Bern–Genf eröffnet werden. Zwei Jahre später fuhren die ersten Passagiere von Biel über Bern nach Langnau.

Nach 1890 liess die gute Konjunktur grosszügige staatliche Subventionen für Eisenbahnprojekte zu. Das Eisenbahndekret von 1897 erlaubte Staatsbeiträge von 40 bis 60 Prozent für 17 neue Linien. Für Bern kam mit der Eisenbahn eine neue Phase der Industrialisierung. Kohle wurde als neuer, von der Natur unabhängiger, jederzeit verfügbarer Energieträger dank der Eisenbahn so billig, dass sich der Import von weit entfernten Gebieten lohnte. Allerdings wirkte sich dies im Kanton Bern erst ab den 1880er-Jahren aus, als die Zement-, Keramik-, Porzellan- und Metallindustrie in grossem Massstab Kohle zu verbrauchen begannen.

Die starke Expansion der Eisenbahnen darf aber nicht über eine andere wichtige Tatsache hinwegtäuschen: Der Kanton Bern gab im 19. Jahrhundert mehr Geld für den Strassen- als für den Eisenbahnbau aus. Die Länge des Staatsstrassennetzes stieg von 910 Kilometern in den 1820er-Jahren auf 2158 Kilometer im Jahr 1903. Auch die Gemeindestrassen wurden ausgebaut, so dass sich Strasse und Schiene für die Fern- und Naherschliessung des Kantonsgebietes ergänzten [Jungfraustrasse; Marienstrasse].

Die neuen Strassen ermöglichten sogar einen Aufschwung der Pferdepost [Bollwerk 4]. Diese wurde von der Eisenbahn nicht einfach verdrängt, sondern profitierte, indem sie die Feinverteilung der Reisenden im Kurzstreckenverkehr und in von der Bahn nicht erschlossenen Gebieten übernahm. Die Zahl der Reisenden stieg zwar bei der Pferdepost viel weniger an als bei der Bahn; trotzdem gab es auch hier einen Zuwachs. Den Höhepunkt der zurückgelegten Wagenkilometer erreichte die Pferdepost 1912 mit 9,9 Millionen Kilometern. Trotz allem rentierte das System nicht. Der Pferdepostbetrieb wurde in der ganzen zweiten Hälfte des 19. Jahrhunderts subventioniert. Er wurde nur aufrechterhalten, weil es für die Feinverteilung der Post noch keine Alternativen gab. Eine positive Seite des Pferdepostbetriebs war die äusserst effiziente Postzustellung: Sie war um 1900 oft schneller als heute! Im Kanton Bern konnte sich der Postverkehr von 1850 bis 1910 wegen des relativ schwachen Ausbaus der Bahn verdoppeln, im Amtsbezirk Bern stiegen die Passagierzahlen von 1870 bis 1910 sogar um das Vierfache!

Wer in der Stadt Bern mit dem öffentlichen Verkehr vorwärts kommen wollte, hatte dazu seit dem letzten Viertel des 19. Jahrhunderts neue, vorerst noch sehr beschränkte Möglichkeiten. Vorläufer des eigentlichen Trams waren Pferdeomnibusse ohne Schienen. In den Siebzigerjahren unternahm eine erste Firma einen Versuch damit; nach deren Konkurs startete 1885 eine zweite, die jedoch 1889 den unrentablen Betrieb ebenfalls aufgeben musste. Der Trambetrieb begann 1890 auf der Linie Bärengraben–Linde mit einem in Bern selbst gebauten Lufttram [Nydeggbrücke; Gerechtigkeitsgasse; Spitalgasse 44]. Es erreichte eine Geschwindigkeit von 15 Kilometern pro Stunde und funktionierte ähnlich wie eine Dampfmaschine. Unter dem Wagenboden befanden sich mehrere Lufttanks, die mit komprimierter Luft gefüllt wurden. Ein Wagen benötigte pro Fahrt rund 2100 Liter Pressluft, die unterwegs zusätzlich erhitzt werden musste. Die Luft wurde in der Matte komprimiert, über die Aare und unterirdisch zum Tramdepot beim Bärengraben geleitet [Wasserwerkgasse 27]. Das Tram war von Anfang an

GLOBALISIERUNG UM 1890

beliebt: Im ersten Betriebsjahr beförderte die Tramway-Gesellschaft 1,14 Millionen Passagiere. Die zweite Linie wurde 1894 eröffnet und mit einem Dampftram betrieben. Sie führte von Wabern über den Eigerplatz zum Bahnhof und in die Länggasse. Die beiden Linien waren sehr rentabel und bescherten der Tramway-Gesellschaft schöne Gewinne. Dies weckte die Begehrlichkeit der Stadt, und sie kaufte 1899 gegen den Willen der Gesellschaft deren Aktien. 1898 gründete die Tramway-Gesellschaft die Bern–Muri–Worb-Bahn mit Ausgangspunkt im Kirchenfeld. Die erste elektrische Linie Burgernziel–Breitenrain, die über die neue Kornhausbrücke führte, wurde 1901 eröffnet. Im gleichen Jahr stellten die «Städtischen Strassenbahnen Bern» die Lufttramlinie Bärengraben–Bremgartenfriedhof auf elektrischen Betrieb um.

Die private Alternative zum Tram waren die Droschken oder «bespannten Lohnfuhrwerke», wie sie von Amtes wegen genannt wurden [*Marienstrasse; Spitalgasse 44; Bollwerk 4; Amthausgasse 15; Klösterlistutz 8*]. Die Unternehmer brauchten eine Konzession, und jede Droschke musste eine Nummer tragen. Ihre Standplätze wurden von der Stadtpolizei nach einer festen Kehrordnung vergeben. Den Kutschern wurde ihr (höfliches!) Verhalten in einem Droschkenreglement genau vorgeschrieben, ebenso die Kleidung: «Sie sollen ihren Dienst nur in anständiger, polizeilich festzusetzender Kleidung verrichten, stets mit einer guten Uhr versehen sein.» Die Droschken fuhren auch nachts, allerdings kostete es in dieser Zeit das Doppelte. Für die angezündete Laterne musste man pro Viertelstunde Fahrzeit zusätzlich zehn Rappen bezahlen. Seit der zweiten Hälfte der Neunzigerjahre gab es Taxameterdroschken, bei denen die Fahrt nicht mit der Uhr, sondern mit einem Fahrtenschreiber gemessen wurde. Offenbar führte das neue Instrument die Kutscher in Versuchung. Jedenfalls wurde es ihnen verboten, «den Taxameter ganz oder teilweise mit Mänteln, Gepäckstücken oder andern Gegenständen zu verdecken». In der guten alten Zeit hatten aber nicht nur gewisse Kutscher ihre Eigenarten, sondern auch deren Pferde. Im «Bund» vom 3. Januar 1894 steht zu lesen: «Am 30. Dezember morgens, etwas nach 10 Uhr, stürzte bei der Eisenbahnbrücke in Bern eine Droschke infolge Scheuwerdens der Pferde um. Die Insassen – zwei Wärterinnen der Waldau nebst zwei aus der Anstalt entwichenen und wieder eingefangenen weiblichen Patienten – erlitten kleinere Verletzungen und kamen mit dem Schrecken davon.»

Warum also nicht selber fahren, wenn die Droschken doch auch ihre Tücken hatten? Autos waren zu dieser Zeit noch kein Thema für jedermann. In Frankreich, das automobilistisch weiterentwickelt war als die Schweiz, gab es 1895 ungefähr 300 Personenwagen. Bis zum Ersten Weltkrieg war Autofahren ein Saisonsport, da die Karosserien noch nicht geschlossen waren. Benzin musste man kanisterweise beim Apotheker oder Krämer kaufen. Der Regierungsrat des Kantons Bern konnte für die Bedürfnisse der Automobilisten kein Verständnis aufbringen, wie eine Meldung im «Bund» vom 4. Juni 1894 zeigt: «Das Gesuch der schweizerischen Petroleumsgesellschaft in Zürich, es möchte ihr bewilligt werden, in Bern oder in der Umgebung ein Magazin zur Aufbewahrung von Petroleum errichten und den Detailverkauf von Petroleum an Private durch Herumfahren von Petrolwagen in der Stadt und Abgabe von gefüllten Petrolkannen in die Häuser betreiben zu dürfen, wird abgewiesen.» Die Petroleumsgesellschaft blieb allerdings hartnäckig und rekurrierte beim Bundesrat, der ihr Recht gab.

Reparaturwerkstätten gab es zu Beginn noch keine. Bei Pannen auf Ausflügen mussten der Dorfschmied oder der Fahrradhändler aushelfen. Autofahren war bis nach der Jahrhundertwende auch ausgesprochen teuer. In Deutschland galt die Faustregel, dass die Unterhaltskosten pro Jahr etwa gleich hoch waren wie der Kaufpreis. In der Schweiz gab es im Herbst 1902 total 370 Automobile (inklusive Busse), während in Bern im Jahr 1900 erst 9 Autos herumfuhren. Leisten konnte sich diesen Luxus nur die Oberschicht. So gehörte die Strasse noch jedermann: Bis zum Beginn des 20. Jahrhunderts war sie ein Aufenthaltsbereich in Ergänzung zum Haus. Sie diente nicht nur den Fahrzeugen, sondern auch dem Arbeiten, Spielen, Feiern und Flanieren [*Gerechtigkeitsgasse; Kramgasse; Marktgasse; Muristalden*].

GLOBALISIERUNG UM 1890

Die Funktionsänderung in einen ausschliesslich dem Verkehr vorbehaltenen Raum geschah erst mit dem massenhaften Aufkommen des Automobils. Dass der Personenwagen noch ziemlich unbedeutend war, zeigt auch die rechtliche Situation: Im Strassenverkehr galt 1894 immer noch das Strassenpolizeigesetz von 1834. Erst im Jahr 1900 erliess der Regierungsrat die «Verordnung über den Verkehr mit Motorwagen (Automobiles)».

Das Transportmittel der breiten Masse war jetzt das Fahrrad, das seit den Neunzigerjahren bereits seriell hergestellt wurde. In dieser Zeit wurde der Radsport international anerkannt, und 1896 wurde er sogar olympisch! Zudem war nun die Technik des Fahrrades so weit, dass es den nötigen Fahrkomfort bot. Auch in Bezug auf das Fahrrad musste sich die Justiz, noch etwas verunsichert, zuerst vortasten. Für das Velofahren auf dem Gebiet der Stadt Bern war eine polizeiliche Bewilligung nötig. Den Fahrern wurden ihre Pflichten genau vorgeschrieben, so in Artikel 13 der «Polizei-Verordnung betreffend das Radfahren» von 1896: «Scharfe Biegungen von Strassen und Wegen, welche eine Übersicht der zu befahrenden Strecke verunmöglichen, sowie alle Stellen mit starkem Verkehr sind nur in ganz langsamem Tempo zu passieren.» In Artikel 15 hiess es weiter: «Scheuen Pferden gegenüber ist es Pflicht des Radfahrers, abzusteigen oder, wenn dies nicht mehr möglich sein sollte, auf geeignete Weise zur Beruhigung der Tiere beizutragen.» Umgekehrt durften die Radfahrer gemäss Artikel 18 auch auf die Unterstützung des Gesetzgebers zählen, wenn sich die bedrängte Bevölkerung gegen die Vertreter der Moderne zur Wehr setzte: «Es ist verboten, das Vorbeifahren von Radfahrern mutwillig zu hindern, den Radfahrern Hunde anzuhetzen, Gegenstände in die Speichen des Vehikels zu werfen oder andere gefahrdrohende Hindernisse in den Weg zu legen.» Der gegenseitige Ärger im Strassenverkehr hat also durchaus Tradition [*Kramgasse*]!

BÜRGER UND VERWALTUNG

All jene politischen Rechte, die wir heute als selbstverständlich erachten, musste sich die Berner Bevölkerung in der zweiten Hälfte des 19. Jahrhunderts erst erkämpfen: geheime Wahl von Stadt- und Gemeinderat, Gewaltentrennung zwischen Stadt- und Gemeinderat, Besoldung der Gemeinderäte und Urnenabstimmungen. Bis in die Achtzigerjahre fanden die Gemeindeversammlungen jeweils an Werktagen statt, was jenen Teil der Bevölkerung von der Mitwirkung ausschloss, der einer bezahlten Arbeit nachgehen musste. Erst das Gemeindereglement von 1888 brachte die Urnenabstimmung. In diesem Jahr wurde auch das «gemässigte Direktorialsystem» eingeführt, das einen Gemeinderat vorsah, der aus neun Mitgliedern bestand. Der Stadtpräsident [*Falkenweg 9*] und drei weitere Gemeinderäte waren hauptamtlich eingesetzt und wurden besoldet; die übrigen arbeiteten ehrenamtlich und erhielten nur eine Entschädigung. Dies war ein erster zaghafter Schritt zu wirklich demokratischen Verhältnissen; die Besoldung machte es erstmals möglich, dass sich auch Leute in den Gemeinderat wählen lassen konnten, die auf einen Lohn angewiesen waren.

Doch trotz aller Fortschritte war noch immer eine Mehrheit der Bevölkerung vom Stimmrecht auf Gemeindeebene ausgeschlossen. Zum einen durften die Frauen nicht mitreden, zum andern konnte in Bern nur abstimmen, wer hier auch Steuern bezahlte; allerdings waren diese erst von einem bestimmten Vermögen an zu entrichten, so dass die ärmeren Männer automatisch nicht berücksichtigt wurden. Wer nicht über das Ortsbürgerrecht verfügte, musste mindestens zwei Jahre in Bern gewohnt haben, um abstimmen zu können. Dies führte dazu, dass noch 1890 nur gerade 11,1 Prozent der Wohnbevölkerung über Gemeindeangelegenheiten abstimmen konnten! Noch lange nicht spruchreif war das Frauenstimmrecht. Frauen, die sich dafür einsetzten, wurden mit allen Mitteln lächerlich gemacht, auch wenn sie in der Sache noch so gewandt argumentierten. Dies musste beispielsweise Meta von Salis (1855–1929) erfahren, die am 27. April 1894 im Casino referierte [*Inselgasse 15*]. Sie war die erste Bündnerin, die nach ihrem Studium einen Doktortitel erworben hatte. Im Gegensatz zu ihren Vorträgen in Chur und Zürich fand jener in Bern regen Zulauf, weil hier die Sozialdemokraten die Werbetrommel gerührt hatten. Das könnte mit dazu beigetragen haben, dass der freisinnige «Bund» eine ziemlich unfaire Besprechung des Referats brachte: «Der Vortrag von Fräulein Meta von Salis-Marschlins über Frauen-Stimmrecht und Wahlrecht war gut besucht und der Schluss derselben, dass die Frauen selbst eintreten müssen für die Hebung ihres Geschlechtes, wurde mit lautem Beifall aufgenommen. Den Männern wusste die Vortragende viel Übles nachzureden. Sie spricht übrigens wie ein geborner Professor, würde aber grössern Eindruck machen, wenn sie in den Übertreibungen mehr künstlerisches Mass innehielte. Dass die Frauen gerade in der Schweiz weniger geachtet werden als anderwärts, und dass man bei uns die Männer nur mit höchster Geringschätzung von den Frauen reden hört, wollten viele Zuhörer trotz der förderlichen Versicherung der Rednerin nicht glauben. Sie sprach auch manches beherzigende Wort, insbesondere über den veredelnden Einfluss, den die Frau auszuüben vermag. Da sie sich in sehr gewählter Form ausdrückt, berührt es eigentümlich, wie sie mit der heimischen, bündnerisch-herrschaftlichen Klangfarbe des ‹ain und kain›, die ihr noch geblieben ist, fremde mundartliche Spezialitäten wie das hannoveranische St und Sp im Anlaut verbindet, z. B. nicht etwa Frauen-Stimmrecht sagt, sondern mit ausgesprochener Absichtlichkeit Frauen-S-timmrecht.» Damit konnte man ihre Ansichten auch gleich als etwas Nicht-Schweizerisches hinstellen.

Das rasche Wachstum von Bevölkerung und Wirtschaft stellte die Verwaltung vor Aufgaben, die alles Bisherige weit überstiegen. Die Infrastrukturbauten wie Wasser- und Abwasserleitungen, Energieversorgung, Strassen und Brücken, Schulen und Verwaltungsgebäude mussten oft von Grund auf neu konzipiert werden. Dabei versuchte die Verwaltung, das Wachstum der Stadt zu steuern, beispielsweise mit neuen Alignementsplänen, gesetzlichen Grundlagen und Bauvorschriften oder Enteignungen. Dazu kamen Aufgaben aus dem Bereich Hygiene und Gesundheit, etwa die Kehrichtabfuhr [*Altenbergstrasse 6*] oder die Strassenreinigung [*Nägeligasse 6/Waisenhausplatz 29*].

BÜRGER UND VERWALTUNG

Eine starke Belastung der Stadt ergab sich auch aus den Aufgaben im Sozial- und Bildungsbereich. Zwischen 1870 und 1900 lag der Anteil der von der Armenpflege unterstützten Einwohner der Stadt immer über sechs Prozent. Einer der vielen Gründe für Armut war die Arbeitslosigkeit. Zu deren Bewältigung gründete die Stadt 1893 eine Versicherungskasse, die erste kommunale Arbeitslosenversicherung in Europa und bis 1910 die einzige in der Schweiz. Der Beitritt war allerdings noch freiwillig und unterlag Beschränkungen. Hatte die Stadt bisher nur die Armenpflege versehen, so übernahm sie in den Neunzigerjahren auch sukzessive das Vormundschaftswesen. Eine gewisse Entlastung für die Einwohnergemeinde bedeutete die burgerliche Armenpflege. Die Zünfte betreuten ihre bedürftigen Angehörigen selbst, was im Übrigen nicht nur für die Stadt von Vorteil war: Erhielten Arme im Jahr 1887 von der Stadt 80 Franken pro Kopf, so waren es bei den Burgern im Durchschnitt 584 Franken. Dies, obwohl die Burgergemeinde keine Steuern erheben durfte!

Bereits Ende der Achtzigerjahre begann sich die Gemeinde auch im sozialen Wohnungsbau einzusetzen, um der Wohnungsnot zu begegnen. Einen weiteren Schritt in ihrem sozialpolitischen Engagement unternahm die Stadt, indem sie von den Neunzigerjahren an Kinderkrippen, Kinderhorte und Kindergärten zu subventionieren und zu betreiben begann.

Das Schulwesen beschäftigte die Stadtverwaltung ebenfalls stark. Dabei fielen nicht nur die Schulhausbauten ins Gewicht, sondern seit Beginn der Neunzigerjahre auch die Gesundheitspflege. Dazu gehörten die Verpflegung bedürftiger Schulkinder, die Ferienversorgung und die Subventionierung von Kleidern für arme Schüler. Die Schulärzte nahmen ihren Dienst allerdings erst 1911 auf.

Im Polizeiwesen [*Polizeigasse 5; Theaterplatz 13; Grosser Muristalden 1*] stand die Stadt vor dem gleichen Problem wie überall: Die Arbeitslast wurde immer grösser. In diesen Bereich gehörten nicht nur die Sicherheits- und Verkehrspolizei, sondern auch die Einwohnerkontrolle, die Markt- und Gewerbepolizei, die Gesundheitspolizei und das Bestattungswesen. Die Bewaffnung der Polizisten bestand um 1890 aus einem Säbel und dem Ordonnanzrevolver. Der Käfigturmkrawall von 1893 hatte zur Folge, dass die Polizei einen Modernisierungsschub erlebte, der eine längere Rekrutenschule und neu die Bewaffnung mit Gewehren nach sich zog. Die Feuerwehr dagegen war noch bis ins 20. Jahrhundert eine Freiwilligenorganisation. Sie genügte den Anforderungen nicht, weshalb der Stadtrat Reformen vorsah. Zu deren Finanzierung wollte er die Feuerwehrpflicht respektive eine entsprechende Steuer einführen. Das wurde in einer Volksabstimmung 1896 abgelehnt, weshalb sich die Modernisierung verzögerte [*Gerberngasse 35; Brunnergut*].

Der städtische Finanzhaushalt war bis zum Ersten Weltkrieg auf längere Sicht gesehen einigermassen im Gleichgewicht. Die Stadt konnte die laufenden Ausgaben decken, für grosse Investitionen musste sie jedoch Geld aufnehmen. Die Schulden betrugen 1890 erst 4,7 Millionen, stiegen dann aber bis 1914 auf 51,6 Millionen an. Darin spiegelt sich die Tatsache, dass das grosse Bevölkerungswachstum die Stadt vor enorme Aufgaben stellte. Noch bis über die Mitte des 19. Jahrhunderts hinaus hatten die Gemeinden nur eine Steuer zur Finanzierung der Armenpflege erheben dürfen; weitere direkte Steuern waren nicht gestattet. Das änderte sich erst mit dem Gemeindesteuergesetz von 1862. Nun konnte die Stadt damit beginnen, ihren Haushalt auf diese Weise zu bestreiten. Waren am Anfang Einkommens- und Vermögenssteuern fast gleich hoch, so stiegen die Einkommenssteuern mit dem Konjunkturaufschwung ab 1890 weit stärker an.

Die neue Aufgabenlast und die grossen Änderungen in allen Lebensbereichen zwangen zu einer Anpassung der nicht mehr zeitgemässen Kantonsverfassung von 1846. Nach langen Auseinandersetzungen und mehreren Niederlagen in Volksabstimmungen gelang es 1893 endlich, eine neue Verfassung zu verabschieden. Sie regelte vor allem das Rechts-, Steuer- und Armenwesen neu und reduzierte die Anzahl der Grossratssitze. Neu wurde die Gesetzesinitiative eingeführt. Was sie insbesondere von der

BÜRGER UND VERWALTUNG

alten Verfassung unterschied, war die Möglichkeit einer Teilrevision. Sie hatte deshalb auch sehr lange Bestand.

All diese Neuerungen und die Zunahme der Verwaltungsaufgaben äussern sich bis heute im Stadtbild. Einige der spektakulärsten kantonalen Neubauten dieser Zeit sind sicher die Militäranstalten auf dem Beundenfeld (1873–1878) [*Papiermühlestrasse 13–17*], das Frauenspital (1873–1876) [*Schanzenstrasse 23*], die Anlagen des Inselspitals (1881–1884) [*Inselareal*], das Historische Museum (1892–1894) [*Helvetiaplatz 5*], das Amthaus (1896–1900), das Hauptgebäude der Universität (1900–1903) [*Grosse Schanze*] und das Obergericht (1908–1910).

Der Bund baute ebenfalls fleissig: die Waffenfabrik (1871, 1875, 1889) [*Wylerstrasse 48*], das Bundeshaus Ost (1888–1892) [*Inselgasse 9*], das Telegraphengebäude (1890–1892) [*Speichergasse 6*], das Parlamentsgebäude (1894–1902) [*Casinoplatz*], das Bundesarchiv (1897–1899), die neue Eidgenössische Münzstätte (1904–1906) [*Münzgraben 8*] und die Nationalbank (1909–1911) [*Amthausgasse 17*]. Auffällig ist, dass die grossen Gebäude für Bundesrat und Parlament alle an den Südrand der oberen Altstadt zu stehen kamen, als Erstes das 1857 fertig gestellte Bundeshaus West. Auf Wunsch des Bundesrates musste dieses auf allen Seiten, aber hauptsächlich gegen Süden, frei stehen. Schliesslich blieb, unter anderem aus städtebaulichen und Kostengründen, der Platz an der Stelle des Stadtwerkhofes übrig [*Bundesgasse 1*]. Der Standort am oberen Ende der Stadt ist kein Zufall. Nach dem Abbruch der Stadtbefestigungen war im Westen der Altstadt Platz frei geworden, auf dem eine ganze Reihe grosser neuer Gebäude entstanden: Ausser dem Bundeshaus West waren dies als Erstes das Grosse Zuchthaus am Bollwerk (1826–1830) [*Bollwerk 25*], dann beispielsweise das Hotel Bernerhof (1858) [*Bundesgasse 3*], der Bahnhof (1860) und die Eidgenössische Bank (1863). Mitte der Siebzigerjahre stellte der Bundesrat fest, dass die Verwaltung mehr Platz brauchte. Deshalb begaben sich Stadt und Bund auf die Suche nach einem neuen Bauplatz. Nachdem das Inselspital 1884 aus der Stadt ausgezogen war, wurde dessen Gebäude an der heutigen Kochergasse frei. Es wurde abgebrochen und machte dem neuen Bundeshaus Ost Platz [*Inselgasse 9*]. Schon damals war vorgesehen, zwischen den beiden Bundeshäusern das geplante Parlamentsgebäude zu errichten. Das bereitete auch deshalb keine speziellen Schwierigkeiten, weil dafür keine besonders wertvollen Gebäude weichen mussten, sondern nur das alte Casino und die untersten Häuser des Käfiggässchens [*Inselgasse 15; Casinoplatz; Käfiggässchen 34–36*].

In den neuen Bundesbauten wurde dann auch emsig gearbeitet. In den 20 Jahren seit der neuen Bundesverfassung von 1874 wurden 189 neue Gesetze erlassen, von denen allerdings 19 am Referendum scheiterten. Für die damalige Zeit war das eine sehr grosse Zahl an neuen Regelungen, was manche Zeitgenossen mit Kopfschütteln zur Kenntnis nahmen. Die Bundesverwaltung der Neunzigerjahre war gekennzeichnet durch den Übergang zu einem Exekutivstaat, in dem die Regierung im Verhältnis zum Parlament ein zunehmend grösseres Gewicht bekam. Immer mehr übernahm die Bundesverwaltung anstelle der Parlamentarier die Vorarbeiten zu neuen Gesetzen, und das Parlament gründete ständige Kommissionen, weil es mit der Geschäftsprüfung der Exekutive sonst nicht mehr zurande kam. Die vielen Neubauten dieser Zeit in Bern sind ein noch heute sichtbares Zeichen dieser Entwicklung hin zum Verwaltungsstaat.

BÜRGER UND VERWALTUNG

DAS GEISTIGE LEBEN

Bildung und Schule

Wie andere gesellschaftliche Bereiche unterlag die Schule im 19. Jahrhundert einem tief greifenden und stürmischen Wandel. Das ist nicht weiter erstaunlich, ist sie doch weitgehend ein Spiegel der Bedürfnisse von Staat, Wirtschaft und Gesellschaft. Diesen sehr disparaten Bedürfnissen entsprach ein breit gefächertes, aber unübersichtliches und schlecht koordiniertes Bildungsangebot. Etwas verkürzt kann man sagen: Wer mit der Schule nicht zufrieden war, schuf sich seine eigene. So entstanden neben den staatlichen reihenweise Privat- und Spezialschulen.

Grundsätzlich waren der Kanton und die Gemeinden für das Schulwesen zuständig [*Wabern, Schule*]. Dabei stellten sich ihnen zuerst einmal Probleme, die mit den Inhalten des Bildungswesens nichts zu tun haben: das Bevölkerungswachstum und die hohen Kosten. In vielen Gemeinden waren die Schulklassen völlig überfüllt. In Bern erreichten sie in der Primarschule in der Jahrhundertmitte Grössen von 50 bis 70 Kindern. Obwohl die Stadt von 1860 bis 1915 fünfzehn Schulhäuser baute, blieb die Lage prekär [*Neufeldstrasse 20, 40*]. Auch auf den oberen Stufen des Schulsystems machte sich das Wachstum bemerkbar; so wurden in Stadt und Kanton viele neue Gewerbeschulen, Handelsschulen, Universitätsinstitute und weitere Einrichtungen gebaut. Ins Jahr 1894 fällt die Eröffnung des Technikums Burgdorf; 1903 konnte die Universität das neue Gebäude auf der Schanze beziehen. Dementsprechend stiegen die Ausgaben des Kantons für das Unterrichtswesen von 590 594 Franken im Jahr 1855 auf 2 813 713 Franken im Jahr 1895 an. Die Zahlen sind nicht teuerungsbereinigt. Auch die Stadt liess sich die Bildung viel kosten: Um die Jahrhundertwende machten die Aufwendungen für das Schulwesen 18 Prozent der gesamten Ausgaben der Gemeinde aus.

Im 19. Jahrhundert fand in der Zweckbestimmung der Schule ein markanter Wandel statt: Diente sie noch zu Beginn des Jahrhunderts vor allem dem Unterricht und der Stärkung der Religion, so erhielt sie immer mehr die Aufgabe, Wissen zu vermitteln, das die Kinder auf ihre Rollen als Berufsleute, Bürger, Soldaten oder Mütter vorbereiten sollte. Aus der Sicht von Staat und Wirtschaft war Bildung nötig, um moralischen und ökonomischen Fortschritt zu erreichen. Auch die demokratische Beteiligung des Bürgers am Staat setzt Bildung voraus. Dies hatten schon die Liberalen erkannt, welche die Verfassung von 1831 schufen. Sie verfügten die Schulpflicht; in der Folge baute der Kanton bis 1856 rund 500 Schulhäuser. Er beschränkte sich bei der Volksschulbildung jedoch auf das Wesentlichste: Lesen, Schreiben, Rechnen waren Grundfähigkeiten, die alle beherrschen sollten. Für gute Staatsbürger hatte in erster Linie der Geschichtsunterricht zu sorgen. Diesem fiel daneben noch eine andere Aufgabe zu: Die Schweiz des 19. Jahrhunderts war ein zerstrittenes Land mit grossen sozialen Problemen. Um den Zusammenhalt des Staates zu schaffen oder zu erhalten, war es dringend nötig, dass sich die Leute mit diesem identifizierten. Der Geschichtsunterricht in der Schule erhielt von der politischen Elite die Aufgabe zugeteilt, diese Integration zu fördern.

Die Vorbereitung der Schüler auf ihre Rolle als Soldaten fand im Turnunterricht statt. Die Bundesverfassung von 1874 enthielt das Turnen mit dieser Zielsetzung als obligatorisches Schulfach. Dabei musste nicht nur die körperliche Leistungsfähigkeit geschult werden, sondern ebenso die Disziplin. Die unter dem Kommando des Lehrers gemeinsam ausgeführten Übungen hatten den Zweck, den Gemeingeist zu stärken und dem Individualismus der Schüler entgegenzuwirken. Gute Bürger und Soldaten wurden die Berner vielleicht tatsächlich, aber das Bildungsniveau war erbärmlich. An den Rekrutenprüfungen des Jahres 1881 landeten die Berner im Kantonsvergleich auf Platz 20! Die Gründe für das schlechte Abschneiden lagen nach Ansicht der Zeitgenossen in den langen Schulferien, vielen Absenzen der Schüler, der schlechten Lehrerbildung und im Fehlen einer beruflichen Fortbildungsschule. Das Resultat war der Auslöser für ein neues Primarschulgesetz, das die Situation verbessern sollte. Es vergingen aber noch 13 Jahre, bis es 1894 endlich in Kraft treten konnte.

Aus der Wirtschaft wurden die unterschiedlichsten Bedürfnisse an die Schule herangetragen. Parallel zu

DAS GEISTIGE LEBEN

den Bemühungen, die Arbeiterschaft zu disziplinieren, fanden sich Staat und Industrie zusammen, um auch den Kindern Zucht, Ordnung und Pünktlichkeit beizubringen. Es ist sicher kein Zufall, dass die Uhr sowohl den Eingang zur Fabrik als auch jedes Schulhaus dominierte [*Wabernstrasse 10*]. In den Schulhäusern und ihrer Raumaufteilung spiegelten sich die Anforderungen, die das Industriezeitalter an die Kinder und zukünftigen Arbeiter und Angestellten stellte: Jedes Kind erhielt seinen fest zugewiesenen Platz, wo es unter genauer Kontrolle des Lehrers lernte, konzentriert, präzise und in der vorgeschriebenen Zeit seine Aufgabe zu erledigen. Im Schulhaus fand eine räumliche Trennung der Kinder in Altersklassen statt; für spezielle Fächer wie Chemie, Physik oder Zeichnen wurden eigene Räume gebaut. Mobiliar wie fixe Bänke wirkte ebenfalls disziplinierend und stellte die Hierarchie klar, etwa durch ein erhöhtes Lehrerpult. Der Beitrag des Staats zur Erziehung der Kinder bestand unter anderem in strengen gesetzlichen Vorschriften, welche die Lehrer sogar verpflichteten, auch ausserhalb der Schule auf «Ordnung, Anstand, Reinlichkeit und gute Körperhaltung zu dringen». Renitente Kinder konnten in Besserungsanstalten versorgt werden.

Auch inhaltlich hatten Industrie und Kanton Bern gemeinsame Interessen: Beide verlangten weniger Religion und mehr «weltliche» Fächer, der Staat im Zusammenhang mit dem damals aktuellen Kulturkampf, die Industrie, um konkurrenzfähig zu bleiben. Allerdings benötigten die Industriebetriebe im 19. Jahrhundert noch sehr wenige gut ausgebildete Arbeiter – entsprechend gering war der Druck auf die Schulen, passende Lehrgänge anzubieten. Qualifiziertes Personal war vor allem in mittleren und höheren Positionen des technischen und kaufmännischen Managements gefragt. Dieses Segment deckten Handelsschulen und technische Lehranstalten ab. Ausbildungen im kaufmännischen Bereich gab es in Bern in ganz unterschiedlicher Weise, sei es in der Handelsklasse des Gymnasiums (für Knaben), sei es in jener der Einwohnermädchenschule, [*Amthausgasse 22; Bundesgasse 26*] sei es an der 1888 eröffneten (privaten) Frauenarbeitsschule. Dazu führte der Kaufmännische Verein seine Fortbildungsschule, aus der 1894 die Berufsschule für Verwaltung hervorging. Für die technische Ausbildung im Kanton Bern sorgten die beiden Techniken in Biel und Burgdorf.

Um die Ausbildung der Handwerker und Gewerbetreibenden kümmerte sich nach der Aufhebung des Zunftzwanges zu Beginn des 19. Jahrhunderts niemand mehr systematisch. Deshalb drohten in diesen Berufen Qualitätsverluste und eine verminderte Konkurrenzfähigkeit. Der grosse Wandel in Wirtschaft und Gesellschaft, wie ihn das Jahrhundert brachte, verlangte aber geradezu nach verstärkter Ausbildung. So entstanden eine ganze Reihe von Fortbildungsschulen, die Abend- oder Sonntagskurse anboten. Allerdings waren die Bemühungen unkoordiniert und völlig ungenügend. Die Schulen waren auch nicht obligatorisch. Erst in den Achtzigerjahren wurde das Problem schweizweit angegangen, indem der Bund definierte, unter welchen Bedingungen Berufsschulen subventioniert würden. Allerdings wurde die Berufsschule für Lehrlinge auf Bundesebene erst 1930 für obligatorisch erklärt. In der Stadt Bern gab es für sie erst die 1826 gegründete private (wenngleich durch Subventionen mitfinanzierte) Handwerkerschule, die berufsbegleitende Kurse anbot. Seit 1893 konnten auch Lehrtöchter die Ausbildung absolvieren. Als erste Schweizer Stadt führte Bern 1888 Lehrwerkstätten ein, die das Angebot der Handwerkerschule ergänzten [*Lorrainestrasse 3*]. Obligatorisch wurde der Besuch einer gewerblichen Fortbildungsschule erst mit dem kantonalen Lehrlingsgesetz von 1905. Das kantonale Gewerbemuseum in Bern ergänzte das schulische Angebot. Es enthielt unter anderem eine grosse Mustersammlung von Maschinen, Motoren, Werkzeugen und von kunstgewerblichen Gegenständen des In- und Auslandes sowie eine Fachbibliothek.

Die Landwirte empfanden lange kein spezielles Bedürfnis nach einer besonderen Ausbildung. Die internationale Konkurrenz zwang jedoch zu Rationalisierungen und Betriebsverbesserungen. So wurde auch in diesem Bereich die Zeit reif für eine Fachschule. Mit der Eröffnung der Schule in der Rüti 1860 bekam der Kanton Bern eine kontinuierliche,

DAS GEISTIGE LEBEN

bis heute funktionierende Ausbildung für Landwirte. Sie begann mit einem Zweijahreskurs, in dem pro Jahr 50 bis 60 Schüler Platz fanden. 1895 startete zusätzlich die Winterschule, die rund 90 Schüler pro Kurs ausbildete.

Wenn die Schweiz konkurrenzfähig bleiben wollte, war es schon im 19. Jahrhundert unabdingbar, für akademischen Nachwuchs zu sorgen. Diese Aufgabe erfüllte die Universität, auf die man in Gymnasien vorbereitet wurde. Bern verfügte über beides. 1873 liess der Regierungsrat auch Frauen an der Universität zu. Den Bernerinnen nützte das allerdings vorerst wenig: Das städtische Gymnasium nahm erstmals 1894 (und gegen den Widerstand einer Mehrheit der Lehrerschaft!) Mädchen auf [*Waisenhausplatz 30*]. Wie alle übrigen Schulen hatte auch die Universität ein starkes Wachstum zu verkraften: Waren Ende 1864 noch 165 Studenten immatrikuliert, so stiegen die Zahlen auf 713 im Wintersemester 1897/98 und auf 1712 im Wintersemester 1907/08 [*Klosterhalde 4; Zeitglocken*]. Allerdings ging diese Zunahme zu einem guten Teil auf ausländische Studenten zurück, die im letztgenannten Jahr mehr als die Hälfte ausmachten. Besondere Dienste leistete die Universität dem Staat durch die Ausbildung von medizinischem Personal, von Juristen und von Lehrern für die Mittelschulen. Die Landwirtschaft profitierte von den Tierärzten [*Engestrasse 10; Schlachthofweg 4–4b*], die Industrie von den Naturwissenschaften [*Bollwerk 10; Sternwartstrasse 5*]. Ganz billig waren diese Dienstleistungen jedoch nicht: Um die Jahrhundertwende flossen rund fünf Prozent des Staatshaushalts in die Universität; vom Budget der Erziehungsdirektion bezog die Hochschule 1892 einen Viertel.

Neben den staatlichen und wirtschaftlichen Bedürfnissen musste die Schule auch gesellschaftliche erfüllen. Drei seien wegen ihrer Bedeutung für die Stadt Bern herausgegriffen:
Erstens konnten sich konservative Kreise nicht damit abfinden, dass die Religion an der Schule so stark zurückgedrängt wurde. Sie reagierten darauf, indem sie Privatschulen gründeten [*Kleinwabern*]. So entstand 1859 die Lerberschule, die unter dem Namen Freies Gymnasium bis heute existiert. Ursprünglich verfügte sie nur über eine Elementarschule, der aber bald ein Progymnasium und später eine Gymnasialabteilung angegliedert wurden [*Nägeligasse 2*]. Aus der Lerberschule entwickelte sich auch das Evangelische Seminar Muristalden, dessen Initiator Friedrich Gerber (1828–1905) die Schule zusammen mit Theodor von Lerber (1823–1901) gegründet hatte. Das Seminar wurde von der Evangelischen Gesellschaft geleitet, die es zudem finanziell unterstützte. Zusätzliche Gelder kamen vom Verein zur Bildung christlicher Schullehrer. Auch an der Gründung der Neuen Mädchenschule waren Männer beteiligt, die in den Umkreis der Evangelischen Gesellschaft gehörten.

Zweitens hatte die Schule auch Anforderungen zu erfüllen, die das gehobene Bürgertum stellte. Für dieses galt eine humanistische Ausbildung als Statussymbol; sie diente ausserdem dazu, sich von der übrigen Bevölkerung abzuheben. Sie hatte nicht den Zweck, auf eine Berufstätigkeit vorzubereiten, sondern Identität zu stiften. Kaspar Maase formuliert es so: «Im bürgerlichen 19. Jahrhundert diente Hochkultur zur Schaffung einer relativ kleinen, homogenen Führungsgruppe; humanistische Ausbildung garantierte ihr den Zugang zu hohen und höchsten Stellungen.» (S. 19) Diese Abgrenzung gegen unten wurde auch räumlich umgesetzt. Damit die Kinder der besseren Kreise nicht die Volksschule besuchen mussten, führten bis 1880 alle höheren Schulen der Stadt eine eigene Elementarschulabteilung. Das Schulgeld, das man für diese oder für die Privatschulen bezahlen musste, sorgte für die nötige Selektion. Der Identitätsstiftung und der Absonderung von Andern diente auch die Schule des Burgerlichen Waisenhauses, die bis weit ins 20. Jahrhundert keine nichtburgerlichen Kinder aufnahm; die burgerlichen Zöglinge wurden deshalb in Uniformen eingekleidet. Das Waisenhaus hatte zugleich die Funktion eines Internats, da dort auch Kinder aufgenommen wurden, deren Eltern noch lebten [*Waisenhausplatz 32*].

Drittens forderten die Vertreter der Hygienebewegung von der Schule, dass auch sie ihren Beitrag zur Volksgesundheit leiste. In den späten Siebzigerjahren begannen jene, die Schule auf gesundheitliche Risiken für die Kinder zu untersuchen. Dabei ging es um alle Bereiche: Licht- und Luftverhältnisse, Möblierung, Raumklima, Kleidung der Schulkinder, Hausaufgaben und Turnunterricht. In der Schule versuchte man deshalb, den Kindern das richtige, will heissen hygienisch einwandfreie, Verhalten beizubringen. Sie sollten auch die nötige Körperpflege lernen. Umgekehrt mussten die Schulhäuser den Anforderungen an die neusten Erkenntnisse der Hygiene genügen. Sie wurden mit Bädern oder Duschen ausgestattet, geeignete Toiletten wurden eingebaut, die Fenster der Schulräume wurden möglichst nach Süden ausgerichtet, die Belüftung wurde verbessert, und die Kinder erhielten geeignete Spielplätze. Es versteht sich von selbst, dass auch der Turnunterricht ein Teil der Bemühungen um eine bessere Volksgesundheit war. In diesen Zusammenhang gehört ebenfalls, dass die Stadt Bern 1891 den Schwimmunterricht für obligatorisch erklärte [*Marzilibad*].

Kirche

Die grossen Veränderungen in allen Lebensbereichen und die starke Tendenz zu deren Verweltlichung wirkten sich selbstverständlich auch auf das religiöse Leben aus. Formal kam es zu einer Demokratisierung der Kirche im Kanton Bern. Mit dem Kirchengesetz von 1852 wurde sie von der Staats- zur Landeskirche, was bedeutete, dass der Staat nun auch andere als die reformierte Kirche zuliess. Neu war, dass die Sittengerichte abgeschafft und durch Kirchenvorstände ersetzt wurden. Diese mussten sich jetzt durch die Kirchgemeindeversammlung wählen lassen. Über den Kirchgemeinderäten standen die Bezirkssynoden, die ihrerseits der Kantonssynode unterstanden. Deren Entscheidungen waren zwar an die Zustimmung des Regierungsrats gebunden, aber dieser durfte umgekehrt äussere kirchliche Angelegenheiten nicht mehr entscheiden, ohne ein Gutachten der Synode einzuholen. Im Kirchengesetz von 1874 wurde neu die Pfarrwahl durch die Kirchgemeinde vorgeschrieben. Zudem verbot dieses öffentliche Prozessionen, was gegen die Katholiken (vor allem im Nordjura) gerichtet war. Das Stimmrecht in den Kirchgemeinden erhielten die Frauen erst im 20. Jahrhundert.

Die Kirche sah sich starken inneren Spannungen ausgesetzt, weil sie versuchen musste, all die neuen (wissenschaftlichen) Erkenntnisse, die man im 19. Jahrhundert gewann, und das Christentum unter einen Hut zu bringen. Dies führte auf politischer Ebene zu Auseinandersetzungen zwischen Konservativen, die den Glauben durch das neue Wissen bedroht sahen, und den Radikalen, welche die Religion als nicht verstandesgemäss ablehnten. Innerhalb der Landeskirche standen sich daher die «Positiven» und die «Reformer» gegenüber. Die Reformer sahen in der Bibel einen von Menschen verfassten Text, dem man sich nicht absolut zu unterwerfen brauchte. Christus war für sie ein reiner, gotterfüllter Mensch, aber sie glaubten nicht an die Unsterblichkeit der Seele und die Auferstehung. Sie versuchten vielmehr, das Christentum mit der Vernunft in Übereinstimmung zu bringen. Die Positiven dagegen hielten an einem wortgetreuen Glauben fest. Für sie gab es eine Erlösung aus der Sündenschuld nur durch den unbedingten Glauben an Christus als Sohn Gottes. Die Auseinandersetzungen hielten das ganze Jahrhundert hindurch an. Der Streit um die innere Ausrichtung der Kirche und die Angriffe von aussen bescherten ihr zwar schwere Zeiten, aber zugleich blieb sie lebendig; im ganzen Kanton wurden im letzten Viertel des 19. und zu Beginn des 20. Jahrhunderts Kirchen neu gebaut oder renoviert. In Bern entstanden die Johanneskirche (1894) [*Breitenrainstrasse 26*], die Pauluskirche (1905), das Inselkirchlein (1908) und die Friedenskirche (1920). Allerdings besuchten nur noch wenige Leute den Gottesdienst. Um 1870 kamen an Festtagen noch rund 20 Prozent, an gewöhnlichen Sonntagen noch 6 Prozent der Bevölkerung in die Kirche. Trotzdem platzten die wenigen Berner Kirchen aus allen Nähten. Auch hier machte sich nämlich das Bevölkerungswachstum bemerkbar: 1885 waren drei Pfarrer für die 20 000 Mitglieder der Heiliggeistgemeinde zuständig. Im Jahr 1900 war die Heiliggeistgemeinde die grösste reformierte Kirchgemeinde im Kanton. Sie umfasste nun

DAS GEISTIGE LEBEN

28 950 Mitglieder. Im Durchschnitt entfielen in der Stadt Bern 14 000 Einwohner auf eine Kirche.

Seit 1798 gab es im Kanton Bern offiziell auch wieder Katholiken. In der Stadt konnten sie ihre Messen bis zum Bau der Kirche Sankt Peter und Paul (1864 fertig gestellt) in der Französischen Kirche lesen. Nach der Spaltung in Romtreue und Christkatholiken übernahmen ab 1874 die Christkatholischen allein die Kirche Sankt Peter und Paul [*Metzgergasse 2*]; erst mit dem Bau der Dreifaltigkeitskirche (1899) durch die Römisch-Katholischen erhielten diese wieder eine eigene Heimat in Bern. Mit der Kantonsverfassung von 1893 wurden auch die katholischen Kirchen als Landeskirchen anerkannt.

Trotz jahrhundertelanger Verfolgung und Unterdrückung gab es in Bern während des ganzen 19. Jahrhunderts Juden. Die jüdische Gemeinde Bern wurde 1848 gegründet, nachdem die Kantonsverfassung ihnen zwei Jahre vorher die zivilrechtliche Gleichberechtigung gebracht hatte. Auf Bundesebene wurde ihnen diese 1866 gewährt. Die offizielle Anerkennung als Glaubensgemeinschaft erhielten sie allerdings erst mit der neuen Bundesverfassung von 1874. Doch gab es in Bern nur sehr wenige Juden, 1899 zählte man gerade mal 655. Die Synagoge befand sich nicht immer am gleichen Ort. Die erste stand seit 1812 an der Zeughausgasse. Einige Jahre später wurde sie an die Aarbergergasse 22 verlegt, und von 1855 bis 1906 befand sie sich an der Genfergasse 11.

Kunst

Die typischen Motive der Berner Malerei im 19. Jahrhundert waren, plakativ ausgedrückt, Berge, Bauern und Helden. Interessant sind dabei insbesondere zwei Fragen: Erstens, ob sie wirklich typisch bernisch waren, und zweitens, wie gerade diese Auswahl zustande kam.

Die erste Frage kann man wohl mit Nein beantworten. Die bernische Malerei stand wie die schweizerische insgesamt unter starkem internationalem Einfluss.

Das rührt daher, dass Schweizer Künstler aus Mangel an Kunstakademien im Inland nach der Grundschule ihre Ausbildung vorzugsweise in München, Düsseldorf, Paris, Karlsruhe, Antwerpen oder Rom fortsetzten. Dort wurden sie nicht nur formal geschult, sondern sie erhielten durch ihre Kontakte viele Ideen für ihre Bilder. Zudem wurden sie vom Publikum an ihren ausländischen Kollegen gemessen. Gemeinsam war den Künstlern in ganz Europa der Versuch, die Welt realistisch darzustellen – sei es in detailtreuen Historienbildern, in Genrebildern, die das Leben so zeigten, wie es war, oder in Landschaften, die sie naturgetreu malten. In den neuen Nationalstaaten Europas begann man sich immer stärker für deren Bewohner, ihr Leben und ihre natürliche Umgebung zu interessieren. Dementsprechend sollten die Bilder Volk und Landschaft dokumentieren. Im gleichen Geist dienten die Historienbilder der Darstellung nationaler Mythen. Umgekehrt sollte die Geschichte auch die Lehrmeisterin der Gegenwart sein.

Die Themenauswahl in der bernischen Malerei lässt sich mit verschiedenen Gründen erklären. Die Landschafts- und Vedutenmalerei haben eine lange Tradition. Ansichten liessen sich schon im 18. Jahrhundert den Touristen verkaufen. Aber nicht nur das: Durch das ganze 19. Jahrhundert hindurch suchten die Künstler in den Bergen die reine, unverfälschte Natur. Im Leben der Bauern erblickten Künstler und Städter den von der städtischen Zivilisation unberührten Menschen. Albert Anker (1831–1910) malte zwar auch in diesem Sinn, aber er war der erste, der den Bauern als Individuum und nicht als «Typ» sah; das war damals neu.

Weshalb die (Berner) Künstler im Zeitalter des Realismus lieber Berge und Bauern als Industrieanlagen und Arbeiter malten, ist eine schwierige Frage. Es dürfte einerseits damit zusammenhängen, dass Bern immer noch sehr stark landwirtschaftlich geprägt war. Andererseits kommt dazu, dass ein kunstinteressiertes und zugleich zahlungskräftiges Publikum sowohl in der Schweiz als auch in Bern zahlenmässig sehr klein und politisch eher konservativ war. Ihm liess sich radikale Zeitkritik schlechter verkaufen als die Bilder einer reinen Natur oder der heilen Welt auf dem Land.

DAS GEISTIGE LEBEN

So wurden denn die wirtschaftliche, politische und soziale Realität des Landes weitgehend ausgeblendet. Eine Ausnahme stellt das Bundeshaus dar, in dessen Kuppelhalle die verschiedenen Zweige von Landwirtschaft, Industrie und Gewerbe durch monumentale Glasmalerei dargestellt wurden.

Die Historienmalerei schliesslich musste in der Schweiz und in Bern verschiedene Bedürfnisse abdecken. Sie erhielt von den politischen Eliten die Aufgabe zugedacht, ein Nationalgefühl stiften zu helfen und die Bürger am Schicksal des Staates zu interessieren. So ist es sicher kein Zufall, dass Ferdinand Hodler (1853–1918) das Landesmuseum mit der «Niederlage von Marignano» schmückte oder dass er für das Berner Rathaus 1896 Entwürfe mit dem Gefecht bei Fraubrunnen von 1798 und mit den enttäuschten Siegern von Neuenegg vorlegte. Die Geschichte sollte auch als Vorbild dienen, so etwa in der «Kappeler Milchsuppe» von Albert Anker. Hier konnte diese Kunstrichtung zudem mithelfen, verfeindete politische Gruppen auf ein gemeinsames Ideal zu verpflichten. Das augenfälligste Beispiel dafür kommt allerdings nicht aus der Malerei, sondern aus der Bildhauerei: Die 1897 eingeweihte Statue Adrian von Bubenbergs, mit den passenden Leitsprüchen auf dem Sockel, ist der weithin sichtbare Ausdruck dieses Bemühens.

Zum Ende des Jahrhunderts trafen sich eidgenössische Politiker und die Künstler mit ihren Anliegen: Die Künstler begannen sich stärker zu organisieren, um eine Kunstförderung zu erreichen, die ein möglichst unabhängiges Arbeiten erlaubte. Mit Bundeshilfe organisierten sie nationale Ausstellungen, auf denen sie sich präsentieren konnten. Die Wertschätzung der Kunst in der Öffentlichkeit war sehr gross; sie ging bis zur Verleihung des Ehrendoktortitels, den beispielsweise Albert Anker im Jahr 1900 von der Universität Bern entgegennehmen durfte.

Neben der Kunst jener, die davon leben wollten, gab es selbstverständlich auch Werke, die zur Zeit ihrer Entstehung wenig beachtet wurden. So haben sich etwa in Familienarchiven und Nachlässen die Zeichnungen und Gemälde von Dilettanten erhalten [*Klösterlistutz 2–4; Marzilibad*], die ein durchaus beachtliches Niveau erreichen konnten. Das gilt übrigens auch für die Arbeiten der Waldau-Patienten, von denen im Panorama ebenfalls diverse zu sehen sind. Um deutlich zu machen, dass diese Patienten wie wir alle Teil der Gesellschaft sind, wurden deren Zeichnungen nicht alle einfach bei der Waldau präsentiert, sondern an den passenden Orten in der Stadt [*Monbijou-Friedhof; Bundesgasse 6; Zeitglocken; Hirschenpark; Altenbergrain 21*].

Ähnlich wie in der Malerei verlief auch die Entwicklung in der Musik. Der gesellschaftliche Wandel im 19. Jahrhundert führte einerseits zu einer Öffnung für den internationalen Musikbetrieb und andererseits zu einem Rückzug in die Tradition. Das Volkslied erfuhr damals seine grösste Beliebtheit. Die Alphabetisierung, die vielfältige Presse und die modernen Verkehrsmittel, welche überregionale Zusammenkünfte ermöglichten, führten zu dessen weiterer Verbreitung. Zusammen mit den Volksliedern kam der Jodel wieder auf, und zwar nicht nur auf dem Land, sondern auch in der Stadt.

Im Zusammenhang mit dem Bedeutungsverlust der Kirche hatte selbst die Kirchenmusik gelitten. Reformbestrebungen gipfelten im 1891 neu erschienenen Kirchgesangbuch, das einen Aufbruch und die Entstehung von vielen neuen Kirchenchören bewirkte.

Wie die Schützen- und die Turnvereine hatten auch die Chöre, speziell die Männerchöre, eine politische Komponente. Sie pflegten eine Ideologie der Freiheits- und Vaterlandsliebe, die sich unter anderem in der Organisation grosser eidgenössischer Sängerfeste äusserte. Am Eidgenössischen Sängerfest von 1899 in Bern nahmen 6500 Sänger teil [*Kirchenfeld*]. Bedeutendste Chöre der Stadt Bern in den Neunzigerjahren waren der Männerchor, die Berner Liedertafel und der Cäcilienverein.

Im Lauf des 19. Jahrhunderts stellte die Musikproduktion immer höhere Ansprüche an Künstler und Zuhörer, so dass im Musikbetrieb analog zu andern Ge-

DAS GEISTIGE LEBEN

bieten des Lebens eine Professionalisierung stattfand. Zugleich spiegelte die Musik auch die soziale Schichtung: Nur jene, welche die Zeit und die Bildung dazu hatten, konnten sie selber spielen und würdigen; die Eintrittspreise für Konzerte sorgten dafür, dass man unter sich blieb. Populäre Musik (Lieder, Schlager, Tanzmusik) war einfacher aufgebaut, liess sich aber von der Musik der Oberschicht inspirieren. An leichter Unterhaltungsmusik wurden zu Ende des Jahrhunderts Ouvertüren und Potpourris populärer Opern gespielt, daneben waren aber vor allem Walzer, Märsche und Polkas beliebt.

Der Direktor der Musikschule Carl Munzinger (1842–1911) brachte in den Neunzigerjahren die damals modernen Komponisten zur Aufführung: Brahms, Wagner, Berlioz, Verdi und erstmals die Passionen Bachs. Das Opernrepertoire des Stadttheaters umfasste klassische wie neuere Komponisten (Mozart, Donizetti, Rossini, Lortzing, Johann Strauss).

Ins 19. Jahrhundert fällt die weite Verbreitung des Klaviers; mit ihm fand auch die entsprechende Musik ein breites Publikum, was zusätzlich dadurch erleichtert wurde, dass die Lithographie den Notendruck relativ einfach machte. In Bern bestand eine bedeutende Klavierbautradition, deren bekannteste Vertreterin die Firma Schmidt-Flohr war. Erst die Schallplatte setzte einem Musikvergnügen ein Ende, das in diesem Jahrhundert seine Blüte erlebte: der Salonmusik. Sie war auf die Laienmusiker zugeschnitten, die zuhause sangen und Klavier spielten. Da die Stücke nicht so anspruchsvoll waren wie die Kompositionen für Berufsmusiker, waren sie sehr beliebt. Konnte sich nur eine kleine Minderheit ein Klavier leisten, so reichte es doch für viele zu einem Blasinstrument; oder wenigstens konnten sie die Miete dafür bezahlen. Deshalb erlangten neben den Chören die Blasmusikformationen grosse Bedeutung, da sie auch den ärmeren Schichten zugänglich waren.

Über den Literaturkonsum des Durchschnittsschweizers zu Ende des 19. Jahrhunderts darf man sich wohl keine Illusionen machen. Die grosse Masse der Leute las nicht die anspruchsvollen Dichter, sondern das, was unter den Begriffen «Erbauungs- und Trivialliteratur» bekannt wurde.

Bei der Erbauungsliteratur handelte es sich um kurze Texte, oft Einblattdrucke, religiösen und moralischen Inhalts, die vielfach von Hausierern unter die Leute gebracht wurden. Auch die politischen Parteien begannen, sich des Einblattdrucks zu Propagandazwecken zu bedienen. Sehr erfolgreich waren die Heftchenromane, welche Abenteuer-, Liebes-, Räuber- und Kriminalgeschichten enthielten. Diese Geschichten waren oft ausländischer Herkunft.

Sowohl in der Schweiz wie in Deutschland hatte die Berg- und Heimatliteratur grossen Erfolg. Sie zeigte eine idyllische Schweiz der Dörfer und Kleinstädte – ein Bild, das sich auch touristisch verwerten liess. Felix Moeschlin (1882–1969) und Jakob Bührer (1882–1975) waren gleichzeitig Kurdirektoren und Schriftsteller. In dieser Literatur spielte auch der Patriotismus eine grosse Rolle.

Wie schon in den Jahrhunderten zuvor fanden die Kalender grossen Zuspruch. 1870 existierten davon in der Schweiz 29 deutschsprachige Titel. Sie gehörten zu den beliebtesten Volkslesestoffen. Die meisten dieser Texte sind heute völlig vergessen. Martin Stern formuliert es so: «Es ist relativ einfach festzustellen, dass die Schweizer und Schweizerinnen zwischen 1848 und 1914 – wenn sie überhaupt lasen und ins Theater gingen – völlig andere Gedichte, Romane, Novellen, Theaterstücke konsumierten, als wir aus der fraglichen Zeit kennen.» (S. 310) Aus heutiger Sicht hat jedoch gerade jene Literatur Bestand, die zu ihrer Zeit weit weniger erfolgreich war und nicht als typisch schweizerisch empfunden wurde. Dazu gehören Schriftsteller wie Robert Walser (1878–1956), Josef Viktor Widmann (1842–1911), Carl Spitteler (1845–1924) oder Carl Albert Loosli (1877–1959). Charles Linsmayer hält es für eine «Tatsache, dass die Schweiz von 1900 kulturell weitgehend ein unterentwickeltes Land ohne eigentliches literarisches Publikum war, ein Land, wo man der Literatur, sofern sie diesen Namen verdiente, zumeist verständnislos, wenn nicht unwirsch ablehnend gegenüberstand». (S. 419) Deshalb waren die wirklich guten Schriftsteller atypische Aussenseiter. Die Gebildeten richteten sich bis zur Jahrhundertwende kulturell nach Deutschland aus. Das gilt nicht nur für das Publikum: Noch bis ins letzte Viertel des 19. Jahrhunderts fühlten sich auch schweizerische Dichter dem ganzen deutschen Sprachraum zugehörig – eine Beschränkung auf die Schweiz fanden sie ihrer Bedeutung nicht angemessen. Damit ging eine Haltung einher, die heute wohl nicht mehr verstanden würde: Mundart galt als minderwertig. Trotzdem existierte (auch und gerade im Kanton Bern) eine Mundartliteratur. Obwohl es aus dem ganzen 19. Jahrhundert Vorläufer gibt, setzte der Erfolg dieser Gattung erst mit den Neunzigerjahren ein. Hauptvertreter waren Hedwig Dietzi (1867–1940), Ulrich Dürrenmatt (1849–1908), Friedrich Ebersold (1880–1923), Otto von Greyerz (1863–1940), Emma Hodler (1840–1913), Eduard Friedrich Lauterburg (1866–1917), Ernst Müller (1849–1927), Rudolf von Tavel (1866–1934) und Robert Walser (1878–1956) [Schosshaldenstrasse 22]. Für die Patrioten stand die Mundart nun für die Abgrenzung zu Deutschland und, umgekehrt, für echten schweizerischen Volksgeist.

Festspiele

Im 19. Jahrhundert entwickelten sich Feste, insbesondere Schützen-, Turn- und Sängerfeste, zu wichtigen Elementen der bürgerlichen Kultur. In der ersten Jahrhunderthälfte wurden sie zu politischen Plattformen, meist liberaler Ausrichtung. In den teilnehmenden Vereinen fanden entsprechende Diskussionen statt, so dass sie bei der Propagierung politischer und kultureller Werte eine zentrale Rolle spielten. Das historische Festspiel ist eine Erscheinung des letzten Viertels des 19. Jahrhunderts – vorher gab es Spiele in dieser Art nicht. Die Mitwirkenden an solchen Spielen waren fast ausschliesslich Laien. Sehr wichtig war, wer die einzelnen Figuren darstellen durfte. Die Umzüge spiegelten die soziale Hierarchie der veranstaltenden Gemeinschaft. So verkörperten die Nachkommen der Berner Patrizier in den Umzügen von 1853, 1876 und 1891 ihre siegreichen Vorfahren. Fanden sich keine Abkömmlinge mehr, wurde der Platz frei für einflussreiche Vertreter der bürgerlichen Oberschicht. Im Festspiel gelang es dank geeigneter Dramaturgie, am Schluss die Schranken zwischen Schauspielern und Zuschauern aufzuheben, indem beispielsweise gemeinsam gesungen wurde. Hier gab es nun keine sozialen oder wirtschaftlichen Unterschiede mehr – alle hatten an der gleichen glorreichen Vergangenheit teil und waren Angehörige desselben gesegneten Volkes. Das Festspiel verkörperte nicht die Schweiz der Gegenwart mit all ihren Problemen. Diese wurden bewusst ausgeblendet. Kritik war nicht das Ziel der Spiele. Dafür vermittelten sie die schöne Illusion einer idealen Schweiz, mit der man sich identifizieren konnte und die mithalf, über die Probleme der Gegenwart hinwegzukommen.

1891 feierte die Stadt Bern auf dem Kirchenfeld ihre Gründung vor 700 Jahren mit einem Festspiel, an dem 900 Darsteller in 2500 verschiedenen Rollen teilnahmen. Das Stadtorchester wurde durch die Regimentsmusik aus Konstanz verstärkt, so dass 100 Mann zusammenkamen. Durch den Beizug von Chören aus Burgdorf, Langenthal und Thun brachte man 485 Sänger auf den Platz. Die Bühne war 100 Meter breit, und der Zuschauerraum umfasste je 10 000 Sitz- und Stehplätze. Dargestellt wurden sechs Bilder, welche die Hauptereignisse der Berner Geschichte zeigten: die Stadtgründung 1191, die Schlacht von Laupen 1339, die Schlacht von Murten 1476, die Reformation 1528, den Untergang des Alten Bern 1798 und die Gegenwart. Neu und fortschrittlich war, dass sich am Umzug auch Frauen beteiligen durften. Die Gründungsfeier von 1891 gilt als der Höhepunkt der schweizerischen Festspieltradition [Kirchenfeld]. Sie hatte eine deutlich integrative Funktion: Sowohl Konservative als auch fortschrittlich Gesinnte konnten sich anlässlich der Feier auf eine gemeinsame Deutung der Vergangenheit einigen. Politische Gegensätze wurden so nicht überwunden; aber immerhin hatte der gemeinsame Patriotismus bei den bürgerlichen und patrizischen Eliten eine einigende Wirkung und half so, alte Gräben wenigstens zum Teil zuzuschütten. Das Gegenstück zu den bürgerlichen Selbstinszenierungen waren die Maifeiern der Arbeiterschaft. In Bern finden sie seit 1890 statt; 1894 beteiligten sich 800 Arbeiter daran.

DER RASANTE WANDEL: ALLTAG VOR 100 JAHREN

Energie- und Wasserversorgung

Wer um 1840 nachts heimkehrte, fand seinen Weg bestenfalls durch einige Öllampen beleuchtet. Zuhause zündeten die Bewohner eine Kerze an, und wenn nicht das Dienstmädchen den Holzofen eingeheizt hatte, war die Wohnung kalt. Kalt war auch das Wasser im Becken, das vorher im Brunnen auf der Gasse aufgefüllt worden war, und kalt war es auf der Toilette, die noch über keine Spülung verfügte. 60 Jahre später sah dies für viele Leute völlig anders aus.

Das Leben der Menschen in der zweiten Hälfte des 19. Jahrhunderts war durch einen enormen Modernisierungsschub geprägt. Dieser kommt unter anderem in einem schon fast rasant zu nennenden Ausbau der städtischen Infrastruktur zum Ausdruck. Eines dieser neuen Infrastrukturnetze war die Gasversorgung. Das im Jahr 1843 eröffnete Gaswerk im Marzili produzierte vorerst nur für die Strassenbeleuchtung [*Weihergasse 3; Sandrainstrasse 15–17*]. Es war übrigens das erste in der Schweiz. 1926 dann wich in Bern das Gas bei der Strassenbeleuchtung der Elektrizität. Im Lauf der Zeit konnten auch Private Gas zur Beleuchtung ihrer Häuser beziehen. Im Jahr 1860 versorgte das Gaswerk 241 öffentliche Gaslaternen und 270 Privatabonnenten mit 1799 Flammen. Bis 1900 stiegen die Zahlen auf 1501 öffentliche Gaslaternen und 8169 private Gasuhren, von denen über die Hälfte für drei Flammen bemessen war. Seit den Achtzigerjahren begann man, das Gas auch für andere Zwecke als die Beleuchtung zu verwenden: Kochen, Heizen, Motorenantrieb. 1895 wurden schon 18 Prozent des Gases zum Kochen und Heizen verbrannt. Allerdings waren immer noch fast 15 Prozent der Zimmer stadtbernischer Wohnhäuser nicht heizbar!

Gegen Ende des Jahrhunderts erwuchs dem Gas Konkurrenz: die Elektrizität. Bei deren Einführung lag der Kanton Bern an der Spitze: 1882 richtete eine Fabrik, der Drahtzug Bözingen, erstmals in der Schweiz ein eigenes Kleinkraftwerk für die Beleuchtung ein, das später auch Energie für die Maschinen lieferte. Das Oberland reagierte ebenfalls schnell: Am Tourismus interessierte Gemeinden bauten Kraftwerke für die Dorfbeleuchtung, so Meiringen 1888 oder Frutigen und Interlaken 1893.

Bern war 1891 die erste Schweizer Stadt mit einer eigenen Stromversorgung. Das Elektrizitätswerk an der Matte [*Wasserwerkgasse 11, 13, 15*] genügte der Nachfrage nur gerade ein paar Jahre; der Strombedarf stieg rasant an. 1899 beteiligte sich die Stadt am Kanderkraftwerk, das zu dieser Zeit rund einen Drittel des Strombedarfs der Stadt deckte. Die nächsten Stromquellen waren thermische Anlagen: seit 1901 eine Leuchtgasmotorenanlage im Monbijou, seit 1904 die Dampfzentrale im Marzili. Nach einer Bauzeit von zwei Jahren begann 1909 das Kraftwerk Felsenau mit der Stromproduktion. Die Nachfrage nach Elektrizität war enorm. Im Jahr 1901 betrug der Stromverbrauch 90 Prozent mehr als im Vorjahr; 1902 war er noch einmal 78 Prozent höher als 1901. Bis zum Ersten Weltkrieg stieg der Verbrauch dann um rund 10 Prozent pro Jahr. Die neue Energie wurde mit Begeisterung begrüsst. Anlässlich der Konzessionserteilung für das Kraftwerk Wynau war im «Bund» vom 21. Februar 1894 zu lesen: «Die ganze Gegend von Olten bis Solothurn, von Waldenburg bis Huttwyl bringt der Firma Siemens & Halske rückhaltlose Sympathie entgegen und es freut sich die Bevölkerung, dass dieses schöne Werk nun doch endlich nach so vielen Fährlichkeiten und allen möglichen Intrigen zustande kommt.»

Ursprünglich wurde der elektrische Strom vor allem für Beleuchtung und Antrieb von Maschinen in Industrie und Gewerbe verwendet. Die Begeisterung der Bevölkerung für die neue Energieform war erstaunlich, weil sie eigentlich darauf nicht vorbereitet war. Die wenigsten hatten in der Schule gelernt, was elektrischer Strom ist, und praktische Erfahrung im Umgang damit hatte sozusagen niemand. Den Leuten war nicht klar, was Elektrizität mit sich brachte. So mussten die Konsumenten zuerst lernen, dass Strom geruchlos, wartungsfrei und nicht explosiv ist. Die meisten Leute konnten sich unter Elektrizität nichts vorstellen, weshalb man zu ihrer Erklärung die bekannten Begriffe «Strom» und «Blitz» verwendete. Frauen, die sich das Kochen auf Holzherden ge-

DER RASANTE WANDEL: ALLTAG VOR 100 JAHREN

wohnt waren, pflegten offenbar am Anfang der Entwicklung zu moderneren Energieformen die Vorstellung, gekochte Speisen würden «gasartig» oder «elektrisch» schmecken und mussten zuerst vom Gegenteil überzeugt werden. Haushaltarbeit blieb jedoch vorerst noch weitgehend Handarbeit [*Gerechtigkeitsgasse 60*]. Die Elektrizität setzte sich in den Privathaushalten erst nach 1900 in grösserem Massstab durch. Ein Grund dafür dürfte sein, dass sie zu Beginn noch viel teurer war als Gas oder Petrol, ein anderer, dass elektrische Haushaltgeräte noch zu unpraktisch und zu teuer waren.

Dagegen kam in dieser Zeit in Verbindung mit der Elektrizität etwas anderes auf: das Telefon. Es erreichte die Schweiz 1880 in Zürich und gelangte 1881 auch nach Bern. Allerdings waren es noch lokale Netze, und eine Kurzmeldung im «Bund» vom 3. April 1894 zeigt sehr schön, wie sie sich ausbreiteten: «Das Gesuch der Gemeinde Murten betreffend direkte Verbindung mit Bern ist von der Telephonverwaltung gutgeheissen worden.» Private Anschlüsse waren 1894 zahlenmässig noch völlig unbedeutend. Es gab auch Geschäfte mit eigenem Anschluss, allerdings reichte die Angabe «Telephon» auf der Visitenkarte noch aus; die Vermittlung hatte die Übersicht über die Abonnenten auch so. 1895 gab es in Bern 14 öffentliche Sprechstationen, bei denen man sich aber an die «Sprechstunden» halten musste. In der gesamten Schweiz existierten Ende 1894 über 17 000 Telefonanschlüsse.

Was heute selbstverständlich ist, prägte noch im 19. Jahrhundert ganz wesentlich den Alltag der Menschen: die Wasserversorgung. Während Jahrhunderten hatten die Berner und Bernerinnen (in den besseren Haushalten übernahmen Dienstmädchen diese Arbeit) das Wasser an den Brunnen geholt [*Spitalgasse; Kornhausplatz*] und das Abwasser samt allen Zutaten in den Ehgraben befördert. Mit dem Jahr 1869 begann eine neue Ära: jene der Hochdruckwasserleitungen, die nun auch die Privathaushalte versorgen konnten. Die Zahl der Anschlüsse stieg von 201 im Jahr 1869 auf 2271 im Jahr 1895. 1896 hatten trotz aller Bemühungen noch immer zwei Fünftel der Wohnungen keinen Anschluss an die Wasserleitung. Die Expansion der Stadt zwang die Gemeinde, immer weiter entfernte Quellen zu fassen; in den Neunzigerjahren war man bereits bis Schwarzenburg gelangt. Allerdings dauerte es noch bis in die zweite Hälfte des 20. Jahrhunderts, dass in alle Wohnungen Bäder oder Duschen eingebaut wurden. Um 1900 waren Bäder erst in den Behausungen der Oberschicht vorhanden [*Lorrainestrasse 3*]. Die grosse Mehrheit der Stadtbewohner musste sich mit den öffentlichen Badeanstalten begnügen. Je nach Budget und Hygienebewusstsein fand das Bad wöchentlich, alle 14 Tage oder auch nur einmal pro Monat statt. Im Übrigen wusch man sich am Waschtisch oder in der Küche, wo das Becken mit (kaltem) Wasser stand.

Das Abwasserproblem war auch erst teilweise gelöst. Bis in die 1860er-Jahre war das Entsorgungssystem der Stadt den Belastungen gewachsen gewesen. Es bestand aus meist offenen Ehgräben, die sporadisch mit Wasser des Stadtbachs gereinigt wurden. Das Abwasser lief in die Aare, wurde aber vorher in Morastsammlern etwas gefiltert. Die nicht an Ehgräben angeschlossenen Häuser verfügten über Abtrittgruben, die man jeweils wieder leeren musste. Im Zusammenhang mit dem Wachstum der Stadt und den Erkenntnissen über Hygiene als Seuchenprophylaxe begann man in der zweiten Hälfte der Sechzigerjahre nach einem neuen System der Abwasserentsorgung zu suchen. Die seit 1869 eingerichtete Hochdruckwasserversorgung verschärfte mit einem erhöhten Trinkwasserverbrauch das Problem zusätzlich.

1872 begann der Ausbau des unterirdischen städtischen Kanalisationssystems. 1893 hatte das Netz bereits eine Länge von 73 Kilometern. 1896 waren aber erst drei Viertel der Wohnungen angeschlossen. In gut 18 Prozent der Küchen hatte der Schüttstein noch nicht einmal einen eigenen Ablauf. Das Abwasser wurde bis zur Inbetriebnahme der ARA Neubrück im Jahr 1967 in die Aare geleitet. In dem Zusammenhang müsste man vielleicht noch erwähnen, dass Mitte der Neunzigerjahre rund 35 Prozent der Wohnungen eine Gemeinschaftstoilette hatten und dass sich bei jedem fünften Haus die Toilette ausserhalb befand.

DER RASANTE WANDEL: ALLTAG VOR 100 JAHREN

Wohnen und Haushalt

Nach dem Abbruch der Schanzen und mit der Ausdehnung der Stadt über ihre bisherigen Grenzen hinaus begann sich die soziale Schichtung der Bevölkerung auch räumlich abzuzeichnen. Die Trennung in gehobene und weniger angesehene Quartiere wurde immer deutlicher. Die Oberschicht verliess die Altstadt und siedelte sich nun vorzugsweise in Aussenquartieren wie der Schosshalde, der Enge, im Rabbental, im Stadtbachquartier und im Kirchenfeld an. Der Absonderung dienten auch die grossen Gärten und Parks rings um die neu entstehenden Villen. Typisch für die Häuser der Oberschicht war, dass die verschiedenen Sphären des Lebens räumlich in öffentliche, geschäftliche und private Bereiche getrennt wurden. Im «Salon» konkretisierten sich gleich zwei zentrale bürgerliche Leitwerte: Urbanität und Geselligkeit. Er war ein Klassenmerkmal und gehörte deshalb unbedingt ins Programm eines gehobenen Logis oder Hauses. Die Wohnungen mussten mit dem Mittel überladener, üppiger und teilweise zweckfreier Inneneinrichtungen Wohlstand und Kunstverstand, sprich guten Geschmack, demonstrieren. Leere Wände und nackte Böden galten als Zeichen von Armut [*Rabbentalstrasse 87*]. In die Aussenquartiere zogen aber nicht nur die Wohlhabenden: Auch Angehörige des Mittelstands verliessen, wenn sie es sich leisten konnten, zunehmend die Innenstadt. Diese wurde daher zusehends ein Quartier der ärmeren Schichten. Weitere Unterschichtsquartiere waren die Lorraine, Teile der hinteren Länggasse, die Felsenau, Holligen, der Sulgenbach, Teile des Altenbergs und des Nordquartiers.

Die Wohnungen der Unterschicht waren oft eng, schmutzig und der Gesundheit abträglich. 16 Prozent der Zimmer in Unterschichtswohnungen hatten noch 1896 keine Frischluftzufuhr! Der Oberschicht stand pro Person mehr als doppelt so viel Raum zur Verfügung wie der Unterschicht. Während die Oberschicht 0,9 Bewohner pro Zimmer hatte, waren es bei der Unterschicht 2 Personen. Dazu kommt, dass viele Unterschichtsfamilien gezwungen waren, Untermieter aufzunehmen, um finanziell über die Runden zu kommen [*Gerberngasse 12; Jurastrasse 42; Postgasse 27; Metzgergasse 52*].

Die Expansion der Stadt brachte den Transportunternehmen goldene Zeiten. Der «Bund» vom 19. April 1894 meldete: «In der Bundesstadt bereitet sich auf 1. Mai ein Wohnungsumzug vor, wie er wahrscheinlich in diesem Umfange noch nie vorgekommen ist. Die zahlreichen Neubauten auf dem Kirchenfeld und in sämtlichen Aussenquartieren und die verlockende neue Tramverbindung mit der Länggasse und dem Mattenhof-Weissenbühlquartier rufen einem Auszug aus der Stadt. Die 12 ‹Zügler-Geschäfte› der Stadt haben für die Zeit vom 20. April bis gegen 7. Mai hin so massenhaft Aufträge, dass sie die Arbeit kaum zu bewältigen vermögen und wer nicht rechtzeitig bestellt hat, mag sehen, wie er seinen Hausrat in die neue Wohnung hinüberschleppt. Eine Firma, schreibt man dem ‹O[berländischen] Volksbl[att]›, hat allein schon von 60 Familien den Zügel zu besorgen und auf Monate voraus waren, wie wir beifügen wollen, die Zügelwagen bestellt.» [*Marzilistrasse 28*]

Jene, die es sich leisten konnten, statteten ihre neuen Wohnungen nun auch mit neuartigen Einrichtungen aus. Einige davon seien hier erwähnt: Auf den Boden kam das seit 1890 bekannte Linoleum, das grossen Erfolg hatte, weil es sauber und leicht zu reinigen war. Man begann, für Innenverkleidungen das eben erst erfundene Eternit (!) zu benutzen, Holz wurde mit einer knetbaren Masse imitiert, der man jede Form geben konnte, aber auch echtes Holz war für Böden und Wände beliebt. Möbel aller Grössen und Stilrichtungen, reich verziert mit Quasten, Bordüren, Fransen und Draperien, kamen auf, dazu alle Arten von Polstersesseln und -sofas. Seit den Achtzigerjahren konnte man in die Polstermöbel Sprungfedern einbauen, weil man nun in der Lage war, diese industriell herzustellen. In der zweiten Jahrhunderthälfte begann sich in den besseren Häusern auch das Metallgestell für Betten durchzusetzen. Es strahlte nicht nur Modernität aus, sondern war leicht sauber zu halten, und es bot dem Ungeziefer nicht mehr die wohlige Heimstatt wie noch die alten Holzbetten mit ihren heu- oder strohgefüllten Säcken.

DER RASANTE WANDEL: ALLTAG VOR 100 JAHREN

Ernährung

In den Neunzigerjahren hatte der Kanton Bern die Zeit der akuten Hungerkrisen hinter sich. Doch trotz Wirtschaftsaufschwung und einem an sich genügenden Nahrungsmittelangebot war die Ernährungssituation weiterhin unbefriedigend. Noch 1910 musste ein durchschnittlicher Arbeiterhaushalt die Hälfte des Einkommens für Nahrungsmittel ausgeben. Allerdings war die Lage im Einzelnen in den Neunzigerjahren recht unterschiedlich. Gut verdienende Arbeiter konnten ihren Kalorienbedarf knapp decken; schlecht verdienende erreichten nicht die Menge, die für mittelschwere Tätigkeiten nötig ist. Dazu kam bei ihnen ein deutlich feststellbarer Eiweissmangel; sie assen vor allem kohlehydratreiche Nahrung und ergänzten den Speisezettel oft durch Schnaps. Das bedeutet, dass ein erheblicher Teil der Bevölkerung zu jener Zeit sowohl quantitativ als auch qualitativ unterernährt war. So wies 1875 rund ein Viertel der stellungspflichtigen Berner Anzeichen von Unterernährung und Schwindsucht auf. Hunger gehörte für viele schweizerische Arbeiterfamilien noch bis nach dem Zweiten Weltkrieg zum Alltag. In vielen Fällen schaffte der Garten Erleichterung, was allerdings auch mit zusätzlicher Anstrengung verbunden war – bei einer 60-Stunden-Woche wohl oft eher ein Müssen als ein Dürfen.

Die Ernährung der Menschen war bis zur Wende zum 20. Jahrhundert durch die eindeutige Dominanz weniger Grundnahrungsmittel geprägt. In der Schweiz waren dies Brot und Kartoffeln. Erst im Verlauf der letzten 100 Jahre verbreiterte sich das Angebot; insbesondere Fleisch, Gemüse und Eier werden heute weit mehr konsumiert. Dieser Wandel hat vor allem mit der gestiegenen Kaufkraft der breiten Bevölkerung zu tun.

Die Verstädterung führte dazu, dass ein immer grösser werdender Teil der Bevölkerung nicht mehr selbst Nahrungsmittel produzierte und damit gezwungen war, sie einzukaufen. So brachte das 19. Jahrhundert auch beim Essen eine «Industrialisierung» mit sich. Einerseits musste die Verpflegung ausgelagert werden, weil die Frau ebenfalls arbeitete – sie konnte am Mittag nicht auch noch kochen, und am Abend fehlten Kraft, Zeit und Geld, um aufwendigere Menüs zuzubereiten. Die Vorratshaltung wurde schwieriger: In den modernen Mietwohnungen fehlte die Rauchkammer zur Fleischkonservierung, und die engen Raumverhältnisse gestatteten es nicht, grössere Vorräte aufzubewahren. Andererseits änderte sich auch die Herstellung der Nahrungsmittel. In der zweiten Hälfte des 19. Jahrhunderts kamen neue Techniken der Konservierung auf. Dazu gehörten unter anderem die industrielle Konserven-, Teigwaren- und Marmeladenproduktion oder die Fleischextrakte von Liebig und Maggi. Die Industrie begann nicht nur neue Verfahren zur Herstellung von Lebensmitteln anzuwenden, sondern sie erfand selbst bisher unbekannte Produkte. Dazu gehörten etwa Backpulver, Kunsthonig, Milchpulver, Maggi-Sauce und Suppenwürfel. Die Margarine, in Frankreich entwickelt, kam 1869 auf den Markt. Man synthetisierte sie ursprünglich aus Ochsenfett, Wasser, Pottasche, Tiermägen, Salz und zerhackten Kuheutern. Zudem wurden, dank Eisenbahn und Dampfschifffahrt, viel mehr Importgüter verfügbar. Eine Folge davon war ein hoher Anstieg des Verbrauchs an Reis und Zitrusfrüchten. Der Zuckerkonsum nahm ebenfalls stark zu, einmal wegen billiger werdender Importe, dann auch durch die Gewinnung des Süssstoffes aus Zuckerrüben. Die Importe wurden generell immer wichtiger: Gegen Ende des Jahrhunderts deckte die schweizerische Landwirtschaft nur noch 51 Prozent des Kalorienbedarfs der Bevölkerung.

In der Ernährungsweise gab es deutlich feststellbare Unterschiede zwischen Arbeiter- und Angestelltenfamilien. Während die ersteren mehr Milch, Fett, Fleisch, Brot, Teigwaren und andere Getreideprodukte, Kartoffeln und Zucker konsumierten, assen die Angestellten mehr Obst und Südfrüchte, Gemüse, Feingebäck, Butter und Rahm. Sie konnten sich qualitativ bessere Lebensmittel leisten als die Arbeiter; sie assen zwar weniger Brot und Fleisch, dafür solches von grösserer Qualität. Auch Konserven waren für die Unterschichten viel zu teuer: In Deutschland kostete eine Fleischkonserve zu Beginn des 20. Jahrhunderts ungefähr drei Tageslöhne eines Arbeiters.

DER RASANTE WANDEL: ALLTAG VOR 100 JAHREN

In den betrachteten Zeitraum fällt der Beginn einer Entwicklung, die bis heute anhält: der Trend zum schlanken Körper. Galt Korpulenz in einer Gesellschaft, die unter Lebensmittelknappheit litt, noch als erstrebenswertes Merkmal von Erfolg und Wohlstand, so wandelte sich diese Einstellung im Lauf des 19. Jahrhunderts. Nun wurde Fettleibigkeit als Zeichen für eine undisziplinierte und ungesunde Lebensweise angesehen. Die Mediziner begannen sich damit zu befassen, und sie unternahmen erste Versuche, ein «Normalgewicht» zu definieren. Dies zwang vor allem die Frauen, sich in ihren Rollen als zukünftige Hausfrauen und als Köchinnen bewusst mit ernährungstheoretischen Fragen auseinanderzusetzen. In diesem Kontext entstand die moderne Fitness- und Körperkultur, in der sich die Sorge um die Gesundheit mit dem neuen Schönheitsideal verband.

Freizeit im Jahrhundert der Arbeit

Das neunzehnte war ein «Jahrhundert der Arbeit». In keinem vorherigen wurden Menschen dieser so konsequent unterworfen; gemeint ist industrielle Lohnarbeit, von der sich immer mehr Leute ernähren mussten. Damit ging eine im Vergleich zu früheren Perioden starke Einschränkung der Freizeit einher. Ein besonders sprechendes Beispiel für diese Entwicklung ist die Bank of England: Mitte des 18. Jahrhunderts gab es noch 47 Feiertage; 100 Jahre später erhielten die Angestellten nur noch am Karfreitag und an Weihnachten frei. Waren Arbeit und Musse im 18. Jahrhundert noch völlig verschränkt, so traten sie im folgenden auseinander. Die Zweiteilung in Arbeits- und Freizeit wurde begrifflich erst unterschieden, als immer mehr Männer unselbständiger Erwerbsarbeit mit geregelten Anwesenheiten, einheitlichen Lohnsystemen und klaren Arbeitshierarchien nachgingen. Dieser Prozess war in den 1890er-Jahren durch die Verstädterung und einen entsprechenden Rückgang der bäuerlichen Bevölkerung voll im Gang. Dies galt jedoch nicht für diejenigen Frauen, die entweder keine bezahlte Arbeit hatten oder zusätzlich zu ihr noch den Haushalt machten. Die strikte Trennung brachte aber jenen, die über Freizeit verfügten, auch die Freiheit, den neben der Arbeit verbleibenden Rest selbstbestimmt zu gestalten. Ihr Genuss war nicht mehr an bestimmte religiöse oder brauchtümliche Gewohnheiten gebunden.

Bei der Frage nach dem Umgang mit der freien Zeit muss man für das 19. Jahrhundert unbedingt die soziale Schichtung der Bevölkerung beachten. Viel mehr als heute bestimmten Stand und Vermögen darüber, was man sich im finanziellen wie im übertragenen Sinn leisten konnte und durfte.

Wie die Wohnung, die Kleidung oder die Haltung konnte den bürgerlichen Schichten auch die Freizeitgestaltung als Mittel der Selbstdarstellung und der Abgrenzung gegen unten dienen. Gerade die aktive und passive Teilnahme an Kunst- und Kulturpflege sowie die Mitgliedschaft in entsprechenden Vereinen eignete sich dazu bestens. Musikmachen, speziell das Singen, war in Bern jedoch kein Privileg des Bürgertums. Die Stadt bot ihren Einwohnern Gesangsvereine für jeden Geschmack, beispielsweise den Cäcilienverein, den gemischten Chor Matte, den Feuerwehr-Männerchor Marzili-Dalmazi, den Frauenchor Länggasse, den Kirchenchor Lorraine, den Männerchor Typographia oder die Gesangssektion des Schreinerfachvereins.

Kunst in all ihren Ausdrucksformen und deren Pflege war Teil des bürgerlichen Selbstverständnisses. Da in Familien des Bürgertums auch der Literatur viel Platz eingeräumt wurde, machten viele in Lesegesellschaften mit oder bezogen ihre Bücher in Leihbibliotheken, um Kosten zu sparen. Gelegenheiten dazu gab es in Bern genügend. Von den Volksbüchereien über die Stadtbibliothek bis zu vielen Spezial- und Vereinsbibliotheken stand eine reiche Auswahl zur Verfügung.

In der zweiten Hälfte des 19. Jahrhunderts gehörte es in bürgerlichen Familien zum guten Ton, dass in der Wohnung ein Klavier oder Flügel stand. Vor allem die Töchter wurden zum Klavierspielen angehalten.

Zu den Interessen, die in der Freizeit gepflegt wurden, gehörte auch die Beschäftigung mit Naturwissenschaften und dementsprechend die Anlage von Sammlungen illustrativer Objekte. Ebenso standesgemäss war es, Bilder, Münzen, Medaillen, Porzellan und andere Kunst- und Kulturgegenstände zusammenzutragen. Diesen Interessen entsprechend gab es in Bern diverse Vereine: beispielsweise den entomologischen, den ornithologischen, den historischen oder die geographische Gesellschaft.

Der Besuch von Theater, Oper und Konzerten wurde in der zweiten Hälfte des 19. Jahrhunderts zu einer gesellschaftlichen Verpflichtung, der sich nicht entziehen konnte, wer seinen gehobenen Sozialstatus angemessen demonstrieren wollte. Damit verbunden war ein Aufschwung der Institutionen, die diese Bedürfnisse befriedigten: Theater, Orchester, Opern- und Konzerthäuser, Musikschulen, Museen [*Waisenhausstrasse 5, 12; Helvetiaplatz 5; Polizeigasse 3; Altenbergrain 21*] und deren Trägervereine. Auch in Bern hätte das gehobene Publikum gerne Theatervorstellungen genossen, musste dabei aber hin und wieder Abstriche machen. Im «Bund» vom 7. Januar 1894 steht zu lesen: «Stadttheater Bern. Wir streiken mit Theaterreferaten, wie unsere Leser wohl bereits bemerkt haben werden. So lange die Theaterdirektion keine Mittel findet, bei herrschender Kälte den alten Kasten anständig zu erwärmen, bleiben wir nicht nur persönlich weg, sondern können mit gutem Gewissen auch dem Publikum nicht raten, für einen immerhin mässigen Kunstgenuss die Gesundheit aufs Spiel zu setzen. Am meisten dauern uns die Leutchen auf der Bühne, besonders, wenn die Stücke wie Boccaccio oder Don Carlos in Italien und Spanien spielen, in welchen Ländern die jetzt für unser Theater allein passenden Eskimokleider nicht üblich sind. Dass sich die Theaterdirektion jedes Jahr hinter Feuerwehrreglementen versteckt, rührt uns nicht. Schürch & Bähler oder eine andere Handlung mit Oefen nach amerikanischem System wird ihr auseinandersetzen, dass eine gefahrlose Heizung auch der Bühne sehr wohl möglich ist. Man könnte ja auch zu jedem Ofen einen Feuerwehrmann stellen.»

Die Unterschicht musste sich anders vergnügen. Im letzten Drittel des Jahrhunderts wuchs das kommerzielle Freizeitangebot stark an. Schon vor 1900 gab es Unterhaltung für die grosse, wenig gebildete Masse: Zeitungs- und Groschenromane, Boulevardtheater, Couplets, das heisst mehrstrophige witzig-zweideutige, politische oder satirische Lieder mit markantem Refrain, illustrierte Presse, Revuetanz, sensationelle Artistik, Zirkus, Sportveranstaltungen. Hauptpublikum der Massenliteratur um 1900 waren Frauen und Halbwüchsige. Sie bildeten die Käuferinnen und Käufer der Groschen- und Fortsetzungsromane, der Zeitschriften und Illustrierten.

Ein wichtiger Ort der Unterhaltung waren die Gasthäuser. Im Bern des Jahres 1894 gab es 23 Gasthöfe, 184 «Bier-, Wein- und Speisewirtschaften» und 10 Kellerwirtschaften. Man traf sich dort nicht nur zum gemeinsamen Essen und Trinken, sondern auch zum Musikmachen und -hören, zum Tanzen oder um wandernde Theatertruppen zu erleben. In Ausflugsrestaurants und Vergnügungsparks spielte oft eine Kapelle, so etwa im Bierhübeli, auf der Kleinen Schanze oder auf dem Schänzli. In vielen Wirtschaften standen ein Orchestrion oder mechanisches Klavier, und Cafés offerierten manchmal Salonmusik [*Feldeggweg 1; Schänzlistrasse 75*]. Neue Tänze in den entsprechenden Lokalen für die breite Bevölkerung waren Walzer, Polka, Galopp und andere körperbetonte Formen. Spiele durften natürlich nicht fehlen: Man kegelte, vergnügte sich mit Karten oder Billard. Die Berner Billardfabrik Morgenthaler war in der Lage, jeden diesbezüglichen Wunsch zu erfüllen [*Weihergasse 3*]. Zum Freizeitangebot gehörten selbstredend auch die Jahrmärkte, wo nicht nur die Marktfahrer und Schausteller ihre Ware anboten, sondern wo auch Preiskämpfe, Schleiertänze, Abnormitäten und Völkerschauen mit lebenden Vertretern aussereuropäischer Völker gezeigt wurden. Wer auf organisierte Vergnügungen verzichten wollte, konnte am Sonntag auch einfach ein Picknick im Wald geniessen, auf dem Egelsee ein Boot mieten oder, im Winter, Schlittschuh laufen [*Dählhölzli; Egelsee; Grosse Schanze*].

Der Sport, wie wir ihn heute verstehen, etablierte sich im 19. Jahrhundert zuerst als Tätigkeit der Oberschicht. Sie konnte damit augenfällig demonstrieren, dass ihr genügend Zeit blieb, sich auf unproduktive

DER RASANTE WANDEL: ALLTAG VOR 100 JAHREN

Weise zu vergnügen. Damit vermochte man sich von den gewöhnlichen Leuten zu distanzieren, die einem anstrengenden Gelderwerb nachgehen mussten. Die gut situierten Sportler wählten deshalb gerne exklusivere Sportarten wie Tennis, Golf oder Reiten.

Eine weitere Quelle des Sports war das Turnen. Dieses geht einerseits auf paramilitärische und nationalideologische Ursprünge zurück, andererseits auf die Einsicht, dass man die Jugend nicht nur geistig, sondern auch körperlich erziehen muss. Dabei stand die Vorführung der Mannschaft im Vordergrund; die Einzelleistung zählte zunächst nicht. Das Turnen galt zu Beginn nicht als Sportart. Erst allmählich fanden Vermischungen statt, indem entweder die Turner anfingen, selbst die neuen Sportarten wie Leichtathletik oder Fussball zu betreiben, oder die verschiedenen Disziplinen des Turnens begannen, sich als solche zu verselbständigen. Die zwölf Turnvereine Berns zeigen, dass dieses auch hier recht populär war. Turnen hatte in Bern eine grosse Tradition und dominierte lange über die aufkommenden Sportarten [*Turnplatz; Schwellenmattstrasse 1*].

So wie die meisten andern Lebensbereiche wurde auch der Sport im 19. Jahrhundert rationalisiert, und die messbare Leistung rückte in den Vordergrund. Gleichzeitig wurde er durch klare Regeln weniger aggressiv gestaltet; es kam die Gewaltkontrolle im Sinn des Fairplay auf. In dem auf Einzelleistung zentrierten Sport, wie er 1896 an den ersten Olympischen Spielen vorgeführt wurde, galten für das Industriezeitalter typische Werte wie das Konkurrenzprinzip, Verantwortung für eigene Stärken und Schwächen und die Leistungsmaximierung. Dass diese auch ihre Opfer forderte, erkannten die Sportler schon früh, und sie linderten wenigstens die Folgen. Der «Bund» meldete am 17. September 1894 dazu: «Der dritte Jahresbericht des schweizerischen Hülfsvereins für verunglückte Turner zeigt neuerdings, dass der Verein eine recht segensreiche Institution ist. […] An Unterstützungen wurden Fr. 12 627.50 ausbezahlt, welche sich auf 324 Unglücksfälle verteilen. Die Durchschnittsdauer der Arbeitsunfähigkeit war 16,29 Tage, die Durchschnittsunterstützung Fr. 2.38. Die meisten Unfälle ereigneten sich beim Schwingen (83) 25,61 Prozent; dann folgen Reck mit 22,83 Proz[ent], Barren mit 15,41 Proz[ent], Ringen 10,8 Proz[ent], Pyramiden 7,1 Proz[ent] und Springel 6,79 Proz[ent]. Je zwei Unfälle ereigneten sich beim Steinstossen, Kürübungen und Fussball, je einer beim Reigen und bei Marmorgruppen.» (Marmorgruppen: Die Turner posierten gruppenweise als lebende Statuen.)

Gegen Ende des Jahrhunderts wurde Fussball populär. Dies hatte einerseits damit zu tun, dass jetzt auch die Arbeiterschaft wenigstens am Samstagnachmittag Zeit zum Spielen hatte; andererseits machten die Bahnverbindungen nun Wettkämpfe zwischen Klubs verschiedener Städte möglich, was die Attraktivität des Spiels steigerte. Ist es ein Zufall, dass der Fussballclub Bern gerade 1894 gegründet wurde? Nur vier Jahre später folgte der BSC Young Boys.

In den Neunzigerjahren wurde das Fahrrad für eine breite Masse erschwinglich. Damit eroberte es sich seinen Platz als Freizeitbeschäftigung weiter Bevölkerungsteile, und es brach eine richtige Fahrradbegeisterung aus. Dazu passt gut, dass am 22. Juli 1894 der erste Deutschschweizer Velotag in Langnau durchgeführt wurde. Mit immerhin drei Vereinen gab es auch in Bern schon eine Auswahl an Veloclubs.

Je weniger die verfügbare Zeit zum Unterscheidungsmerkmal zwischen Bürgertum und Unterschichten wurde, desto mehr wurde es das Geld. So waren die Sportarten auch am Ende des Jahrhunderts noch stark von der Schichtzugehörigkeit bestimmt: Fussball für die Unterschichten, Reiten, Rudern, Segeln, Tennis und Bergsteigen für das Bürgertum, zusätzlich Yachtsegeln, Autofahren und Jagen für Aristokratie und Grossbürgertum. Im 1889 gegründeten ersten Tennisklub Berns betrug Ende des Jahrhunderts der monatliche Mitgliederbeitrag 2 Franken – gleichzeitig bezahlte man bei YB 30 Rappen. Auch wenn noch Widerstände bestanden, so öffneten sich doch schon einige Sportarten den Frauen: nämlich Rudern, Tennis, Eislauf, Schwimmen, Fechten. Die Auswahl zeigt, dass dort wohl nicht Arbeiterfrauen mitmachten. Aus heutiger Sicht müsste man unter Sport noch das Schiessen erwähnen, für das sich in Bern eine grosse Zahl verschiedenster Vereine anbot.

DER RASANTE WANDEL: ALLTAG VOR 100 JAHREN

Nach unserem heutigen Verständnis gehören Ferien ganz selbstverständlich zum Freizeitangebot. Das war im 19. Jahrhundert noch grundlegend anders. Erst in der zweiten Jahrhunderthälfte wuchs im Bürgertum mit steigendem Wohlstand und steigender Belastung im Berufsleben der Wunsch nach Reisen und Ferien. Sommer- und Badeferien kamen in Mode. Allerdings gab es zu Beginn noch ein Problem: Ferien mussten bis zum Ende des Jahrhunderts mit passenden Begründungen legitimiert werden, denn sie hatten sich noch nicht als etwas Selbstverständliches etabliert. Dabei wurde vor allem mit der Gesundheit argumentiert. Für die Propagandisten der Ferien als Akt gesundheitlicher Erholung waren diese das Gegenstück zum aristokratischen Müssiggang, der als dekadent abgelehnt wurde. Ferien im Sinn von Erholungsphasen in gesunder Umgebung wurden seit den Siebzigerjahren von Ärzten und Hygienefachleuten empfohlen, damit die Leute gesund und mithin produktiv blieben. Gesundheit war nämlich nicht einfach ein erstrebenswertes Gut, sondern auch ein Wirtschaftsfaktor. Angeraten wurden solche Aufenthalte an frischer Luft vor allem den Bewohnern der ungesunden Grossstädte; angesprochen waren hier in erster Linie Angehörige von Bildungsberufen, Beamte und Geschäftsleute. Die schlechte physische Kondition von Lehrern, Professoren, Juristen oder Unternehmern wurde darauf zurückgeführt, dass diesen grosse geistige Leistungen bei geringer körperlicher Anstrengung abverlangt wurden. Empfohlen wurden Ferien aber auch den Ehefrauen und Kindern der genannten Gruppen.

Die Ersten, die in der Privatwirtschaft einen Anspruch auf Ferien erreichten, waren die kaufmännischen Angestellten; dies allerdings erst kurz vor dem Ersten Weltkrieg. Die Bundesbeamten bekamen mit einem Bundesratsbeschluss von 1913 erstmals einen rechtlich garantierten Ferienanspruch zugestanden. Arbeiter machten 1914 mehr als zwei Drittel der Berufstätigen aus; doch kannten noch die wenigsten von ihnen Urlaub, und wenn, dann waren es meist nur einige wenige Tage. 1910 erhielten erst acht Prozent aller Arbeiter regelmässig Ferien. Bis 1937 stieg diese Zahl auf zwei Drittel.

Heute verbinden wir mit dem Begriff Ferien ganz automatisch auch jenen des Reisens [*Junkerngasse 3*]. Das konnten sich aber in den 1890er-Jahren nur jene Privilegierten leisten, die tatsächlich frei nehmen konnten. Reisen kostete im 19. Jahrhundert zunächst ausgesprochen viel und wurde erst dank der Eisenbahnen ungefähr seit 1890 markant billiger. Für die gewöhnlichen Leute waren Eisenbahnfahrten jedoch noch bis nach dem Ersten Weltkrieg sehr teuer. 1888 musste ein Bauarbeiter für ein Retourbillett von Zürich nach Luzern 13 (!) Stunden arbeiten; bis 1910 sank der Preis der Fahrt auf 9 Arbeitsstunden. Untersuchungen haben gezeigt, dass für über 50 Prozent der Zürcher Steuerzahler noch 1912 ein Ausflug per Bahn nach St. Moritz nicht finanzierbar war.

Auch wenn es in allen traditionellen Darstellungen zur Geschichte der Freizeit verschwiegen wird, so gehört doch ein weiteres Thema dazu, das hier kurz angesprochen werden soll: die Prostitution. Diese war in ihrer Ausprägung zu Ende des 19. Jahrhunderts sowohl ein Produkt des rasanten Wachstums der Städte als auch der bürgerlichen Sozialmoral. Diese zwang ledige (oft zugewanderte) Männer dazu, sich Prostituierten zuzuwenden, da auserehelicher Geschlechtsverkehr mit Frauen gleichen Standes ausgeschlossen war. Aber auch verheiratete Männer suchten die Dienste käuflicher Damen. Dabei kam die Kundschaft der Prostituierten aus allen Schichten. Einem Arzt und Kenner der Verhältnisse zufolge galt das auch für die Prostituierten selbst, wenngleich die Angehörigen der Unterschicht die Mehrzahl ausmachten. Leider gibt es keine Statistiken über die wirtschaftliche Bedeutung der Prostitution jener Zeit; immerhin war die Nachfrage offenbar gross, so dass man annehmen darf, viele Männer hätten einen nicht unbedeutenden Teil des Freizeitbudgets in diesen Bereich investiert. Oder, um es in der Worten von Anita Ulrich zu sagen: «Die Prostituierte fügte sich als Ware in das Vergnügungs- und Konsumangebot ein.» (S. 9)

GOTT ERHÄLT KONKURRENZ: MEDIZIN UND PSYCHIATRIE

Industrialisierung und Agrarmodernisierung führten im 19. Jahrhundert in ganz Europa zu Landflucht und Verarmung weiter Bevölkerungskreise. Gleichzeitig wuchs die Bevölkerung stark an, so dass es vor allem in den Städten zu Entwicklungen kam, die sich auch auf die Gesundheit der Menschen auswirkten: enge Wohnverhältnisse, mangelnde Hygiene, daraus folgend die Verbreitung von Seuchen; dazu Arbeitslosigkeit und tiefe Löhne für die Arbeiter, was zu Armut, Unterernährung und Alkoholismus führte. Zudem gingen für die Bewohner der Städte oft jene sozialen Netze verloren, welche die Landbevölkerung bisher getragen hatten. Daraus ergaben sich grosse Herausforderungen für die Medizin und die Sozialpolitik.

Bevor im letzten Drittel des 19. Jahrhunderts wirksame medizinische Therapien bekannt wurden, musste sich die Politik auf Prävention beschränken. Staat und Ärzteschaft setzten sich deshalb für sozial- und gesundheitspolitische Anliegen ein, um die Lage der ärmsten Bevölkerungsteile zu erleichtern. Sie strebten dabei eine grössere Hygiene und die Verbesserung der Lebensverhältnisse der Armen an. Es entstand das moderne Krankenhaus, das die oft kleinen karitativen Versorgungsanstalten für Bedürftige, Gebrechliche und Kranke ablöste; die modernen Kliniken spezialisierten sich auf die ausschliessliche Behandlung kranker Menschen. Sie arbeiteten mit den neuen naturwissenschaftlichen Methoden der Physiologie, der klinischen Chemie und der physikalischen Diagnostik. In den Städten wurden als Folge des Bevölkerungswachstums immer mehr und immer grössere Spitäler eingerichtet.

Diese Entwicklung erfasste auch den Kanton Bern: Gab es bis ins 19. Jahrhundert nur in der Hauptstadt grössere Spitäler, so wuchs nun der Wunsch nach einer besseren Versorgung auch der andern Regionen. 1835 liess der Grosse Rat per Dekret 4 Spitäler (Bezirkskrankenanstalten und Notfallstuben mit Krankenzimmern für Notfälle) zu je 6 Betten errichten. 1897 bestanden bereits 27 Bezirkskrankenanstalten mit 382 Gemeindebetten und 174 Staatsbetten. 1837 wurden 218 Personen in Bezirksspitälern verpflegt, 1890 waren es 4706. Viele Spitäler entstanden selbst in der Stadt Bern erst ab der Mitte des Jahrhunderts: 1844 das Diakonissenhaus, 1860 das Gemeindelazarett Steigerhubel, 1862 das Jenner-Kinderspital [*Gerechtigkeitsgasse 60*], 1867 das Zieglerspital. Auch in Bern fing man an, grösser zu bauen: 1876 das Frauenspital [*Schanzenstrasse 23*], 1884 die neue Insel [*Inselareal*], 1891 das Ausserkrankenhaus, das Patienten mit Haut- und ansteckenden Krankheiten aufnahm. Zudem wurden auf dem Inselareal die poliklinischen Institute errichtet, die verpflichtet waren, Armen im Krankheitsfall unentgeltliche Behandlung und Medikamente, welche aus der Staatsapotheke [*Inselgasse 14*] stammten, anzubieten. Spezielle Altersheime und Anstalten für Chronischkranke begann man erst gegen Ende des Jahrhunderts zu bauen, so beispielsweise 1877 das Greisenasyl Bern [*Seftigenstrasse 111*].

Die Verhältnisse in den Spitälern sowohl in der Schweiz als auch in Europa können nicht mit den heutigen verglichen werden. Die Patienten wurden in Sälen gepflegt, in denen sich bis zu 50 Personen befanden – manchmal mussten sie sogar die Betten teilen. In der zweiten Jahrhunderthälfte verbesserten sich die Zustände langsam: Die Bauten wurden gründlicher belüftet und sauber gehalten, die wanzenverseuchten Holzbetten wurden durch Metallgestelle und Strohsäcke durch Rosshaarmatratzen ersetzt. Dank der Kanalisation verdrängte mit der Zeit das Wasserklosett die Latrinen.

Die Situation war auch in Bern prekär, wie Kurt Demme 1904 schrieb: «Der Neubau der Insel war für 320 Betten berechnet; aber schon nach wenigen Jahren war man wegen Platzmangel gezwungen, zu gewissen Jahreszeiten sich mit Bodenbetten (Matrazen auf dem blossen Boden) zu behelfen. Dank der hochherzigen Stiftung des H[er]rn Fr[iedrich] Imhoof sel[ig] von Fr. 120 000 im Jahre 1893 konnte die Insel zwei Absonderungsgebäude für die chirurgischen Abteilungen erstellen mit je 20 Betten.»

Bis zum Ende des 19. Jahrhunderts übten Angehörige von religiösen Schwesterngemeinschaften (beispielsweise die Diakonissen [*Christoffelplatz 4*]) unbezahlt die Krankenpflege aus. Daneben gab es entlöhnte, aber nicht ausgebildete Wärterinnen und

GOTT ERHÄLT KONKURRENZ: MEDIZIN UND PSYCHIATRIE

Wärter. Erst 1899 wurde im Lindenhof die erste bernische Rotkreuzschule eröffnet. Vorher bestand nur die Ausbildung durch die Diakonissen. Dagegen wurde die Ausbildung der Ärzte professioneller und viel praxisnäher als in vorangehenden Jahrhunderten [*Inselareal*]. Dies bedeutete unter anderem: Verdrängung der Kurpfuscher, Entwicklung einer standardisierten Ausbildung mit eidgenössischem Staatsexamen seit 1874 und Monopol des so geprüften Arztes sowie Maximierung beruflicher Autonomie, das heisst weitgehender Freiheit von staatlicher Kontrolle.

Die Universität Bern liess von 1873 an auch Frauen zum Studium zu. Allerdings studierten noch sehr wenige Schweizerinnen Medizin: 1894 waren 2 an der medizinischen Fakultät eingeschrieben; dies bei einer Gesamtzahl von 63 Frauen (davon 51 aus Russland), welche bereits rund einen Viertel der Studierenden der Medizin ausmachten. Freilich war die Zahl der Ärzte im Vergleich zur Gesamtbevölkerung immer noch sehr gering: Im Kanton Bern gab es 1894 nur gerade 234 Mediziner; das entspricht einem Arzt auf 2361 Einwohner.

In Europa begann eine geregelte Ausbildung der Hebammen ansatzweise und in sehr kleinem Massstab im 18. Jahrhundert. Im folgenden Jahrhundert gab es Bemühungen, die Schulung zu verbessern und mehr Frauen zu erreichen, aber noch immer war das Niveau der Ausbildung sehr tief. Bern war hier vergleichsweise modern: Mit der 1781 gegründeten Hebammenschule besitzt es die älteste der Schweiz. Beim Bezug des neuen Frauenspitals im Jahr 1876 wurde sie dort integriert.

Im Vergleich zu früheren Zeiten machte die Medizin im 19. Jahrhundert, vor allem ab der Jahrhundertmitte, riesige Fortschritte. Die Entwicklung war gekennzeichnet durch einen stark wachsenden Einfluss der Naturwissenschaften. Dank der Anwendung physikalischer und chemischer Methoden wurde der Kranke zum messbaren Patienten. Mit Hilfe naturwissenschaftlicher Methoden konnten Normen für die Körperfunktionen bestimmt werden, anhand derer man in der Lage war, krankhafte Abweichungen festzustellen. Es entstanden die grossen medizinischen Labors [*Inselareal*]. Gegen Ende des Jahrhunderts kamen für Untersuchungen einfache medizinische Ausstattungen in Gebrauch: Thermometer, Stethoskope, subkutane Injektionsspritzen, Kehlkopf- und Blasenspiegel, Blutdruckmesser.

Entscheidende Entwicklungen in der Medizin waren die wissenschaftlich begründete Hygiene und die Bakteriologie. Aus der Biologie kamen wichtige Erkenntnisse zur Zellenlehre und zur Funktionsweise der Vererbung. Die Laboratoriumsmedizin führte dank der Erforschung der organischen Funktionen zu einer Verbesserung der Diagnostik. Der wohl bedeutendste Beitrag der Physik hierzu bestand in der Entdeckung der Röntgenstrahlen gegen Ende des Jahres 1895. In Bern reagierte man schnell: Professor Aimé Forster (1843–1926) richtete im physikalischen Institut eine Anlage ein und stellte sie ab März 1896 auch der Öffentlichkeit zur Verfügung [*Inselareal*]. Hier entstanden bis Mai 1897 von 80 Inselpatienten gegen 170 Aufnahmen. Am 2. Januar 1898 nahm das Röntgeninstitut der Insel den Betrieb auf.

Für die Therapie dagegen war die Bakteriologie viel entscheidender. Die empirische Therapie wurde «durch die gezielte Anwendung von Arzneimitteln ersetzt, deren Wirkstoffe auf chemischem Weg isoliert und klinisch erprobt werden konnten» (Hudemann-Simon, S. 20). Die Bakteriologie erlaubte es, viele Krankheitserreger zu finden und einzelne davon zu bekämpfen. In diesen Zusammenhang gehört auch die Entdeckung des Pesterregers durch den Waadtländer Alexandre Yersin (1863–1943) im Juli 1894 und die darauf aufbauende Impfung. Das Aufkommen der Bakteriologie wird als das wichtigste medizinische Ereignis des Jahrhunderts angesehen. Sie lieferte zentrale Erkenntnisse zur Entstehung, Vermehrung und zum Lebenszyklus von Mikroben sowie zu den Ursache-Wirkung-Beziehungen zwischen Mikroben, Infektion und Krankheitssymptomen. Die Kenntnis dieser Zusammenhänge führte zu einer starken Reduktion der Infektionen bei Operationen, da man begann, jene durch Wunddesinfektion und das Sterilisieren der Instrumente und Verbände zu bekämpfen [*Inselareal*].

GOTT ERHÄLT KONKURRENZ: MEDIZIN UND PSYCHIATRIE

Im 19. Jahrhundert nahm auch die moderne Anästhesie ihren Anfang. 1844 begann die Anwendung der Lachgasnarkose; 1846 kam die Ätherinhalationsnarkose dazu. In der zweiten Hälfte des Jahrhunderts machte zudem die Operationstechnik grosse Fortschritte; erstmals wurden länger dauernde Baucheingriffe möglich.

Die schlimmsten Krankheiten des 19. Jahrhunderts waren Cholera, Diphtherie, Fleckfieber, Tuberkulose, Grippe, Ruhr und Typhus. Die Pocken, auch Blattern genannt, waren in der ganzen Neuzeit die Erkrankung, die am meisten Todesopfer forderte. Im 17. Jahrhundert fielen vier bis fünf Prozent der Bevölkerung der Pest zum Opfer, aber acht bis zehn Prozent den Pocken. 1798 hatte Edward Jenner (1749–1823) die Pockenimpfung entwickelt, die erste wirksame Methode zur Bekämpfung der Krankheit. Verschiedene Probleme mit dieser Methode bewirkten, dass auch noch am Ende des 19. Jahrhunderts über deren Wirksamkeit und Nutzen gestritten wurde. Das war auch in Bern der Fall, wo 1895 über das neue Impfgesetz abgestimmt wurde. Es brachte die Abschaffung des Impfzwangs, obwohl der Pockenausbruch von 1894 die Wirksamkeit der Impfung deutlich gezeigt hatte.

In den 1830er-Jahren hatte die Cholera über Russland von Osten her Europa erreicht. In allen Ländern kümmerten sich die Regierungen intensiv um den Kampf gegen sie, wenn auch ohne Erfolg. Allerdings hatten die Ausbrüche den Zusammenhang zwischen Krankheit und schlechten Lebensverhältnissen sichtbar gemacht, was langfristig zu einer Verbesserung der öffentlichen Hygiene führte (Trockenlegungen, Kanalisation, Reinigung des Trinkwassers). Die Entdeckung des Cholerabazillus 1833 hatte insofern Erfolg, als jetzt Quarantäne, Desinfektion und Isolierung von Ortschaften angewandt wurden. Im Unterschied zum übrigen Europa blieb Bern von der Seuche verschont; dagegen führte verschmutztes Trinkwasser mehrmals zu Typhusepidemien. In Bern beschleunigte die Diskussion um die Cholera den Bau der Kanalisation.

Bis ins 20. Jahrhundert gab es kein Krankenkassenobligatorium. Bestanden im 18. Jahrhundert im Kanton Bern diverse Prediger-Witwen- und Waisenstiftungen, so entstanden in der ersten Hälfte des 19. Jahrhunderts 18 weitere Krankenkassen. 1865 existierten im Kanton Bern 60 gegenseitige Hilfsgesellschaften, deren Mitglieder sich bei Krankheit, Unfall und Tod unterstützten. Allerdings kannten sie keine Freizügigkeit, so dass jemand, der wegzog, auch die Berechtigung zum Bezug von Leistungen verlor. Um allen Bürgern im ganzen Kanton, unabhängig von Beruf, Wohnort und Sozialstatus, den Zugang zu einer Versicherung zu ermöglichen, gründeten einige interessierte Männer 1869 die Krankenkasse für den Kanton Bern. Mit der regierungsrätlichen Sanktion von 1870 konnte sie den Betrieb aufnehmen. Sie wuchs rasch an: 1899 hatte sie schon 11 288 Mitglieder in 121 Sektionen. Sie wurde noch bis weit ins 20. Jahrhundert hinein ehrenamtlich geführt und verwaltet. Ursprünglich gab es nur die Krankengeldversicherung. Im Krankheitsfall wurde den Versicherten im Jahr 1895 ein Franken pro Tag ausbezahlt. Neben ihr existierten aber immer mehr auch andere Versicherungen: 1880 gab es bereits 124 Krankenkasseninstitute.

Auch für die Psychiatrie brachte das 19. Jahrhundert Veränderungen, so die Auffassung, dass Geistesstörungen nicht selbstverschuldet seien, und die Theorie, dass ihr organischer Ursprung im Gehirn lokalisiert werden könne. Daraus entstanden die spezifischen Versorgungsanstalten und als Fachmethode die Gehirnpathologie. Die neuen Erkenntnisse brachten eine Abnahme von Zwangsmassnahmen als Therapie zugunsten grösserer Bewegungsfreiheit der Patienten. Sie wurden nicht länger in Gefängnissen, sondern in eigenen Heil- und Pflegeanstalten untergebracht, wo man sie mit Arbeit beschäftigen konnte. Trotzdem existierten in der ersten Jahrhunderthälfte immer noch Therapien, die für uns heute eher krude wirken: Eintauchen in kaltes Wasser, Wassergüsse auf den Kopf, Drehsessel, Zugpflaster mit kochendem Wasser, Aderlässe. Dazu kamen medikamentöse Beruhigungsmittel wie Opium, Digitalis, Haschisch, Chlorophorm und Morphium. Die Zahl der Heilerfolge war sehr bescheiden.

Bern liess der Psychiatrie erst in der zweiten Jahrhunderthälfte mehr Beachtung zukommen. Dies äus-

GOTT ERHÄLT KONKURRENZ: MEDIZIN UND PSYCHIATRIE

serte sich unter anderem im Neubau der «Kantonalen Irren-, Heil- und Pflegeanstalt Waldau» (1855) [*Bolligenstrasse 117*] und in der Gründung der Anstalten Münsingen (1895) und Bellelay (1899). Die Bevölkerungszunahme und die Abwanderung vieler Landbewohner in die Städte führte oft zu einem Verlust des sozialen Netzes. Im Krankheitsfall mussten diese in Anstalten versorgt werden, was erklärt, weshalb der Kanton gezwungen war, vermehrt solche zu bauen. Gleichzeitig entstanden mehrere private Nervenheilanstalten. In diesem Zusammenhang ist auch das Engagement für «schwachsinnige» Kinder zu erwähnen. 1894 gab es für diese im Kanton Bern nur die 1868 gegründete «Privatanstalt Weissenheim». Das Primarschulgesetz aus genau diesem Jahr postulierte in Paragraph 55 eine Verbesserung: «Taubstumme, blinde, schwachsinnige und epileptische Kinder müssen, wenn sie bildungsfähig sind und nicht in den öffentlichen Schulen unterrichtet werden können, in Spezialanstalten und -klassen unterrichtet werden. Der Staat sorgt dafür, dass diese Anstalten den besondern Bedürfnissen genügen.» Kurt Demme sagte dazu 1904 voller Euphorie: «Durch die Einführung dieser Bestimmung in das Schulgesetz hat sich der Kanton Bern ganz entschieden zu einem Kulturstaat par excellence emporgehoben. Man wird nur sehr selten in der Gesetzgebung der zivilisierten Völker so exquisit humanitäre Vorschriften über den Schutz gebrechlicher, von den öffentlichen Schulen ausgeschlossener Kinder suchen – und darauf können wir stolz sein.»

Was wir heute so gut kennen, galt auch für das 19. Jahrhundert: Die Verbesserungen waren nicht gratis zu haben. Von 1855 bis 1904 stiegen die jährlichen Kantonsausgaben für die Gesundheit von 68 535 auf 1 005 886 Franken; das ist mehr als das Vierzehnfache!

Wenn diese Einführung in die Zeit um 1894 unseren Lesern ein wenig mithilft, das Panorama von Hermann Völlger neu zu sehen, hat sie ihren Zweck erfüllt. In ihm wird auf eine besonders schöne Weise augenfällig, dass die Landschaft ein seit langem vom Menschen geprägter Raum ist. Deren Gestaltung und die Erscheinung der Stadt in ihr werden nur verständlich, wenn man sich mit der Vergangenheit auseinandersetzt. So wird die Stadt lesbar als der Stein gewordene Ausdruck menschlichen Lebens und Wirkens.

LITERATURHINWEISE

Hermann Völlger und sein Panorama

Comment, Bernard: Das Panorama. Die Geschichte einer vergessenen Kunst. Berlin 2000.
Hyde, Ralph: Panoramania! The art and entertainment of the «all-embracing» view. London 1988.
Malfroy, Sylvain: Die Darstellung der Stadt und ihres Umlandes: Graphische und photographische Panoramen von Lausanne aus dem 19. und 20. Jahrhundert. In: Roeck, Bernd (Hg.): Stadtbilder der Neuzeit. Die europäische Stadtansicht von den Anfängen bis zum Photo. Ostfildern 2006 (Stadt in der Geschichte, Bd. 32), S. 289–306.
Oettermann, Stephan: Das Panorama. Die Geschichte eines Massenmediums. Frankfurt a. M. 1980.
Roeck, Bernd: Stadtdarstellungen der frühen Neuzeit: Realität und Abbildung. In: Roeck, Bernd (Hg.): Stadtbilder der Neuzeit. Die europäische Stadtansicht von den Anfängen bis zum Photo. Ostfildern 2006 (Stadt in der Geschichte, Bd. 32), S. 19–39.
Roters, Eberhard: Jenseits von Arkadien – die romantische Landschaft. Köln 1995.

Das Geschehen jener Jahre

Berner Taschenbuch auf das Jahr 1896. Bern 1896, S. 281–307.
Handbuch der Schweizer Geschichte. Bd. 2. Zürich 1977.
Hilty, Carl (Hg.): Politisches Jahrbuch der Schweizerischen Eidgenossenschaft. Neunter Jahrgang 1894–1895. Bern 1895.
Tögel, Bettina: Die Stadtverwaltung Berns. Der Wandel ihrer Organisation und Aufgaben von 1832 bis zum Beginn der 1920er Jahre. Zürich 2004.

Globalisierung um 1890

Wirtschaft
Freudiger, Hans: Die Wohnhäuser Berns und die bauliche Entwicklung seit dem 15. Jahrhundert. In: Berner Zeitschrift für Geschichte und Heimatkunde 1942, S. 1–33.
Gruner, Erich (Hg.): Arbeiterschaft und Wirtschaft in der Schweiz 1880–1914. 3 Bde. Zürich 1987–1988.
Handels- und Gewerbekammer Bern: Bern und seine Volkswirtschaft. Bern 1905.
Hirter, Hans: Die Streiks in der Schweiz in den Jahren 1880–1914: Quantitative Analyse. In: Gruner, Erich (Hg.): Arbeiterschaft und Wirtschaft in der Schweiz 1880–1914. Bd. II. Zürich 1988, S. 837–1008.
Lüthi, Christian: Wachstum in schwierigem Umfeld. Die wirtschaftliche Entwicklung im Spiegel der wichtigsten Branchen und Firmen. In: Barth, Robert; Erne, Emil; Lüthi, Christian (Hg.): Bern – die Geschichte der Stadt im 19. und 20. Jahrhundert. Stadtentwicklung, Gesellschaft, Wirtschaft, Politik, Kultur. Bern 2003, S. 47–107.
Pfister, Christian: Geschichte des Kantons Bern seit 1798. Bd. IV: Im Strom der Modernisierung. Bevölkerung, Wirtschaft und Umwelt 1700–1914. Bern 1995 (Archiv des Historischen Vereins des Kantons Bern, Bd. 78).
Statistisches Bureau des eidgenössischen Departementes des Innern: Die Ergebnisse der eidgenössischen Volkszählung vom 1. Dezember 1900. Bd. 3. Bern 1907.
Tögel, Bettina: Die Stadtverwaltung Berns. Der Wandel ihrer Organisation und Aufgaben von 1832 bis zum Beginn der 1920er Jahre. Zürich 2004.

Transport und Verkehr
Beeley, Serena: Fahrräder. Geschichte eines Welterfolgs. Stuttgart 1994.
Frey, Thomas: Eine funktionale Bestandesaufnahme der Pferdepost, 1850–1920. In: traverse 6/1999, S. 89–107.
Frey, Thomas: Die Beschleunigung des Schweizer Verkehrssystems 1850–1910. In: Schweizerische Zeitschrift für Geschichte 56/2006, S. 38–45.
Junker, Beat: Geschichte des Kantons Bern seit 1798. Band III: Tradition und Aufbruch 1881–1995. Bern 1996 (Archiv des Historischen Vereins des Kantons Bern, Bd. 79).
Merki, Christoph Maria: Der holprige Siegeszug des Automobils 1895–1930. Wien; Köln; Weimar 2002.
Pfister, Christian: Geschichte des Kantons Bern seit 1798. Bd. IV: Im Strom der Modernisierung. Bevölkerung, Wirtschaft und Umwelt 1700–1914. Bern 1995 (Archiv des Historischen Vereins des Kantons Bern, Bd. 78).
Schmucki, Barbara: Vom Schwung der Fahrt zur Form der Strasse. Veränderungen des städtischen Raums im Zeichen der Massenmotorisierung. In: traverse 6/1999, S. 151–170.
Schwabe, Hansrudolf et al.: 3 x 50 Jahre. Schweizer Eisenbahnen in Vergangenheit, Gegenwart und Zukunft. Basel 1997.
Tschanz, Peter: Berner Trambuch. 150 Jahre öffentlicher Verkehr. Münsingen 1998.

Bürger und Verwaltung

Handbuch der Schweizer Geschichte. Bd. 2. Zürich 1977.
Hilty, Carl (Hg.): Politisches Jahrbuch der Schweizerischen Eidgenossenschaft. Neunter Jahrgang 1894–1895. Bern 1895.
Junker, Beat: Geschichte des Kantons Bern seit 1798. Band III: Tradition und Aufbruch 1881–1995. Bern 1996 (Archiv des Historischen Vereins des Kantons Bern, Bd. 79).
Markwalder, Hans: Bern wird Bundessitz. Ein Beitrag zur Baugeschichte der Stadt Bern. Bern 1948.
Tögel, Bettina: Die Stadtverwaltung Berns. Der Wandel ihrer Organisation und Aufgaben von 1832 bis zum Beginn der 1920er Jahre. Zürich 2004.

LITERATURHINWEISE

Das geistige Leben

Bildung und Schule

Bähler, Anna; Lüthi, Christian: Unterschiedliche Lebensweisen auf engstem Raum. Aspekte des gesellschaftlichen Wandels. In: Barth, Robert; Erne, Emil; Lüthi, Christian (Hg.): Bern – die Geschichte der Stadt im 19. und 20. Jahrhundert. Stadtentwicklung, Gesellschaft, Wirtschaft, Politik, Kultur. Bern 2003, S. 231–293, bes. S. 275–293.

Evangelisches Seminar Muristalden: Jubiläumsschrift 1854–1954. Bern 1954.

Gonon, Philipp: Schule im Spannungsfeld zwischen Arbeit, elementarer Bildung und Beruf. In: Badertscher, Hans; Grunder, Hans-Ulrich (Hg.): Geschichte der Erziehung und Schule in der Schweiz im 19. und 20. Jahrhundert. Leitlinien. Bern; Stuttgart; Wien 1997, S. 57–88.

Graf, Otto: Die Entwicklung der Schulgesetzgebung im Kanton Bern seit 1831. Bern 1932.

Hamann, Bruno: Geschichte des Schulwesens. Bad Heilbrunn 1986.

Handels- und Gewerbekammer Bern: Bern und seine Volkswirtschaft. Bern 1905.

Im Hof, Ulrich et al. (Hg.): Hochschulgeschichte Berns 1528–1984. Bern 1984.

Knutti-Fiechter, Herbert: Bausteine unserer Schulhäuser: Der zu Stein gewordene Schulgeist. In: Badertscher, Hans; Grunder, Hans-Ulrich (Hg.): Geschichte der Erziehung und Schule in der Schweiz im 19. und 20. Jahrhundert. Leitlinien. Bern; Stuttgart; Wien 1997, S. 357–380.

Maase, Kaspar: Grenzenloses Vergnügen. Der Aufstieg der Massenkultur 1850–1970. Frankfurt a. M. 1997.

Scandola, Pietro: «Schule und Vaterland». Zur Geschichte des Geschichtsunterrichts in den deutschsprachigen Primarschulen des Kantons Bern. Diss. Bern 1986.

Schneeberger, Elisabeth: Schulhäuser für Stadt und Land. Der Volksschulhausbau im Kanton Bern am Ende des 19. Jahrhunderts. Bern 2005 (Archiv des Historischen Vereins des Kantons Bern, Bd. 83).

Späni, Martina: Umstrittene Fächer in der Pädagogik. Zur Geschichte des Religions- und Turnunterrichts. In: Badertscher, Hans; Grunder, Hans-Ulrich (Hg.): Geschichte der Erziehung und Schule in der Schweiz im 19. und 20. Jahrhundert. Leitlinien. Bern; Stuttgart; Wien 1997, S. 17–55.

Tanner, Albert: Arbeitsame Patrioten – wohlanständige Damen. Bürgertum und Bürgerlichkeit in der Schweiz 1830–1914. Zürich 1995.

Tavel, Albert von: Siebenzig Jahre Freies Gymnasium in Bern. Bern 1934.

Tögel, Bettina: Die Stadtverwaltung Berns. Der Wandel ihrer Organisation und Aufgaben von 1832 bis zum Beginn der 1920er Jahre. Zürich 2004.

Kirche

Barth, Robert: Von der Einheit zur Vielfalt. Kultur, Religion und Sport bieten Bildung, Erbauung und Vergnügen. In: Barth, Robert; Erne, Emil; Lüthi, Christian (Hg.): Bern – die Geschichte der Stadt im 19. und 20. Jahrhundert. Stadtentwicklung, Gesellschaft, Wirtschaft, Politik, Kultur. Bern 2003, S. 169–229, bes. S. 213–221.

Dreifuss, Emil: Juden in Bern. Ein Gang durch die Jahrhunderte. Bern 1983.

Guggisberg, Kurt: Bernische Kirchengeschichte. Bern 1958.

Junker, Beat: Geschichte des Kantons Bern seit 1798. Band III: Tradition und Aufbruch 1881–1995. Bern 1996 (Archiv des Historischen Vereins des Kantons Bern, Bd. 79).

Kunst

Brunold-Bigler, Ursula: Populäre Lesestoffe und populäres Leseverhalten in der Schweiz des 19. Jahrhunderts. In: Hugger, Paul (Hg.): Handbuch der schweizerischen Volkskultur. Bd. III. Basel 1992, S. 1307–1320.

Capitani, François de: Musik in Bern. Musik, Musiker, Musikerinnen und Publikum in der Stadt Bern vom Mittelalter bis heute. Bern 1993 (Archiv des Historischen Vereins des Kantons Bern, Bd. 76).

Griener, Pascal: Dorf und Kapitale. Die Schweizer Künstler und die Ecole des Beaux-Arts am Ende der kulturellen Vorherrschaft von Paris (1850–1900). In: Schweizerisches Institut für Kunstwissenschaft (Hg.): Das Kunstschaffen in der Schweiz 1848–2006. Bern; Zürich 2006, S. 233–245.

Linsmayer, Charles: Die Eigenschaft «schweizerisch» und die Literatur der deutschen Schweiz zwischen 1890 und 1914. In: Capitani, François de; Germann, Georg (Hg.): Auf dem Weg zu einer schweizerischen Identität 1848–1914. Probleme – Errungenschaften – Misserfolge. Freiburg 1987, S. 403–426.

Meyer, Peter (Hg.): Illustrierte Berner Enzyklopädie. Bd. IV: Kunst und Kultur im Kanton Bern. Bern 1987.

Ruedin, Pascal: Zeitlinien 1880–1914. In: Schweizerisches Institut für Kunstwissenschaft (Hg.): Das Kunstschaffen in der Schweiz 1848–2006. Bern; Zürich 2006, S. 45–58.

Stern, Martin: Das historische Festspiel – Integration um den Preis scheinhafter Identität. In: Capitani, François de; Germann, Georg (Hg.): Auf dem Weg zu einer schweizerischen Identität 1848–1914. Probleme – Errungenschaften – Misserfolge. Freiburg 1987, S. 309–335.

Festspiele

Gantner, Theo: Der Festumzug. Ein volkskundlicher Beitrag zum Festwesen des 19. Jahrhunderts in der Schweiz. Basel 1970.

Ris, Roland: Die Ausbildung eines sprachlich-kulturellen Bewusstseins in der deutschen Schweiz 1890–1914 (mit besonderer Berücksichtigung des Kantons Bern). In: Capitani, François de; Germann, Georg (Hg.): Auf dem Weg zu einer schweizerischen Identität 1848–1914. Probleme – Errungenschaften – Misserfolge. Freiburg 1987, S. 353–381.

Ryter, Elisabeth; Berchtold, Marianne: Vom tantzen, spilen, zuotrincken und schampparen läben. Aus der Geschichte des Feierns. In: Berner Jahrbuch 1986, S. 3–54.

Schläppi, Daniel: Die Zunftgesellschaft zu Schmieden in Bern zwischen Tradition und Moderne. Sozial-, struktur- und

LITERATURHINWEISE

kulturgeschichtliche Aspekte von der Helvetik bis ins ausgehende 20. Jahrhundert. Bern 2001 (Archiv des Historischen Vereins des Kantons Bern, Bd. 81).

Stern, Martin: Das historische Festspiel – Integration um den Preis scheinhafter Identität. In: Capitani, François de; Germann, Georg (Hg.): Auf dem Weg zu einer schweizerischen Identität 1848–1914. Probleme – Errungenschaften – Misserfolge. Freiburg 1987, S. 309–335.

Der rasante Wandel: Alltag vor 100 Jahren

Bähler, Anna: Von der Altstadt in der Aareschlaufe zur Stadtregion. Stadtentwicklung, Wohnungsbau, städtische Vesorgungsnetze und Verkehr. In: Barth, Robert; Erne, Emil; Lüthi, Christian (Hg.): Bern – die Geschichte der Stadt im 19. und 20. Jahrhundert. Stadtentwicklung, Gesellschaft, Wirtschaft, Politik, Kultur. Bern 2003, S. 11–45.

Bähler, Anna; Lüthi, Christian: Unterschiedliche Lebensweisen auf engstem Raum. Aspekte des gesellschaftlichen Wandels. In: Barth, Robert; Erne, Emil; Lüthi, Christian (Hg.): Bern – die Geschichte der Stadt im 19. und 20. Jahrhundert. Stadtentwicklung, Gesellschaft, Wirtschaft, Politik, Kultur. Bern 2003, S. 231–293.

Barth, Robert: Von der Einheit zur Vielfalt. Kultur, Religion und Sport bieten Bildung, Erbauung und Vergnügen. In: Barth, Robert; Erne, Emil; Lüthi, Christian (Hg.): Bern – die Geschichte der Stadt im 19. und 20. Jahrhundert. Stadtentwicklung, Gesellschaft, Wirtschaft, Politik, Kultur. Bern 2003, S. 169–229.

Bohus, Julius: Sportgeschichte. München; Wien; Zürich 1986.

Egger, Kurt W.: Von der Gaslaterne zum Erdgas. Die Geschichte der Berner Gasversorgung 1843–1993. Bern 1993.

Ehrensperger, Ingrid; Fröhlich, Martin: Wohnen und Wohnkultur im 19. und 20. Jahrhundert. In: Hugger, Paul (Hg.): Handbuch der schweizerischen Volkskultur. Bd. I. Basel 1992, S. 233–250.

Elektrizitätswerk der Stadt Bern: 100 Jahre EWB. Bern 1991.

Frey, Thomas; Schiedt, Hans-Ulrich: Wie viel Arbeitszeit kostet die Freizeitmobilität? Monetäre Reisekosten in der Schweiz 1850–1910. In: Gilomen, Hans-Jörg; Schumacher, Beatrice; Tissot, Laurent (Hg.): Freizeit und Vergnügen vom 14. bis zum 20. Jahrhundert. Zürich 2005 (Schweizerische Gesellschaft für Wirtschafts- und Sozialgeschichte, Bd. 20), S. 157–171.

Geiser, Georges: Die Entwicklung der industriellen Betriebe der Stadt Bern und ihre Bedeutung für den Finanzhaushalt der Gemeinde. Diss. Thun 1949.

Gruner, Erich (Hg.): Arbeiterschaft und Wirtschaft in der Schweiz 1880–1914. 3 Bde. Zürich 1987–1988.

Hauser, Albert: Das Neue kommt. Schweizer Alltag im 19. Jahrhundert. Zürich 1989.

Hirschfelder, Gunther: Europäische Esskultur. Eine Geschichte der Ernährung von der Steinzeit bis heute. Frankfurt 2001.

Landolf, Carl: Die Wohnungs-Enquête in der Stadt Bern vom 17. Februar bis 11. März 1896. Bern 1899.

Leis, Mario: Sport. Eine kleine Geschichte. Leipzig 2003.

Maase, Kaspar: Grenzenloses Vergnügen. Der Aufstieg der Massenkultur 1850–1970. Frankfurt a. M. 1997.

Mai, Andreas: Die Ordnung des Sommerfrischens als Ordnung bürgerlichen Lebens. Ärzte und Hygieniker als Ferienmacher im 19. Jahrhundert. In: Gilomen, Hans-Jörg; Schumacher, Beatrice; Tissot, Laurent (Hg.): Freizeit und Vergnügen vom 14. bis zum 20. Jahrhundert. Zürich 2005 (Schweizerische Gesellschaft für Wirtschafts- und Sozialgeschichte, Bd. 20), S. 273–286.

Merta, Sabine: «Weg mit dem Fett». Wege und Irrwege zur «schlanken Linie». Der Kampf gegen die Korpulenz als Phänomen der Moderne. In: Teuteberg, Hans Jürgen (Hg.): Die Revolution am Esstisch. Neue Studien zur Nahrungskultur im 19./20. Jahrhundert. Stuttgart 2004 (Studien zur Geschichte des Alltags, Bd. 23), S. 263–281.

Müller, Ueli: Expansion und Konflikte. Das Verhältnis von Staat, Politik und Elektrizitätswirtschaft im Kanton Bern 1890–1930. In: Gugerli, David (Hg.): Allmächtige Zauberin unserer Zeit. Zur Geschichte der elektrischen Energie in der Schweiz. Zürich 1994, S. 25–40.

Pfister, Christian: Geschichte des Kantons Bern seit 1798. Bd. IV: Im Strom der Modernisierung. Bevölkerung, Wirtschaft und Umwelt 1700–1914. Bern 1995 (Archiv des Historischen Vereins des Kantons Bern, Bd. 78).

Schärer, Martin R.: Ernährung und Essgewohnheiten. In: Hugger, Paul (Hg.): Handbuch der schweizerischen Volkskultur. Bd. I. Basel 1992, S. 253–288.

Schlegel-Matthies, Kirsten: Liebe geht durch den Magen. Mahlzeit und Familienglück im Strom der Zeit. Geht die alte häusliche Tischgemeinschaft zu Ende? In: Teuteberg, Hans Jürgen (Hg.): Die Revolution am Esstisch. Neue Studien zur Nahrungskultur im 19./20. Jahrhundert. Stuttgart 2004 (Studien zur Geschichte des Alltags, Bd. 23), S. 148–161.

Schneeberger, Johann Friedrich: Die Prostitution in der Stadt Bern, ihre Verbreitung, Ursachen, Wirkungen und Folgen […]. Biel 1872.

Schumacher, Beatrice: Ferien. Interpretationen und Popularisierung eines Bedürfnisses. Schweiz 1890–1950. Wien 2002.

Schumacher, Beatrice: Freizeit, Vergnügen und Räume. Einleitung. In: Gilomen, Hans-Jörg; Schumacher, Beatrice; Tissot, Laurent (Hg.): Freizeit und Vergnügen vom 14. bis zum 20. Jahrhundert. Zürich 2005 (Schweizerische Gesellschaft für Wirtschafts- und Sozialgeschichte, Bd. 20), S. 133–141.

Stadelmann, Kurt: Umgangsformen mit technischen Neuerungen am Beispiel der elektrischen Energie. In: Gugerli, David (Hg.): Allmächtige Zauberin unserer Zeit. Zur Geschichte der elektrischen Energie in der Schweiz. Zürich 1994, S. 131–142.

Stalder, Ruth: Von der Cloakenfrage zur Schwemmkanalisation. Die Abwasserentsorgung in der Stadt Bern 1850–1900. In: Berner Zeitschrift für Geschichte und Heimatkunde 2002, S. 161–197.

Tanner, Albert: Arbeitsame Patrioten – wohlanständige Damen. Bürgertum und Bürgerlichkeit in der Schweiz 1830–1914. Zürich 1995.

ABKÜRZUNGSVERZEICHNIS

Tanner, Jakob: Fabrikmahlzeit. Ernährungswissenschaft, Industriearbeit und Volksernährung in der Schweiz 1890–1950. Zürich 1999.

Teuteberg, Hans Jürgen: Von der Hausmutter zur Hausfrau. Küchenarbeit im 18./19. Jahrhundert in der zeitgenössischen Hauswirtschaftsliteratur. In: Teuteberg, Hans Jürgen (Hg.): Die Revolution am Esstisch. Neue Studien zur Nahrungskultur im 19./20. Jahrhundert. Stuttgart 2004 (Studien zur Geschichte des Alltags, Bd. 23), S. 101–128.

Ulrich, Anita: Bordelle, Strassendirnen und bürgerliche Sittlichkeit in der Belle Epoque. Zürich 1985 (Mitteilungen der Antiquarischen Gesellschaft in Zürich, Bd. 52).

Wey, Franz: Die Trinkwasser-Versorgung der Stadt Bern. Bern 1907.

Gott erhält Konkurrenz: Medizin und Psychiatrie

Bachmann, Barbara; Bradenahl, Elke: Medizinstudium von Frauen in Bern 1871–1914. Diss. Bern 1990.

Braunschweig, Sabine: Pflege: gestern und heute. In: Kranksein, Pflegen, Heilen in Bern vom Mittelalter bis heute. Bern 1991, S. 33–36.

Demme, Kurt: Die humanitären und gemeinnützigen Bestrebungen und Anstalten im Kanton Bern. Bern 1904.

Dübi, Paul; Berger, Max: 100 Jahre Kantonales Frauenspital Bern. Bern 1976.

Eckart, Wolfgang U.: Geschichte der Medizin. Heidelberg 2005.

Handels- und Gewerbekammer Bern: Bern und seine Volkswirtschaft. Bern 1905.

Hudemann-Simon, Calixte: Die Eroberung der Gesundheit 1750–1900. Frankfurt a. M. 2000.

Ost, Wilhelm: Die Blatternepidemie in Bern vom Jahr 1894. Bern 1894.

Rennefahrt, Hermann; Hintzsche, Erich: Sechshundert Jahre Inselspital 1354–1954. Bern 1954.

Stalder, Ruth: Von der Cloakenfrage zur Schwemmkanalisation. Die Abwasserentsorgung in der Stadt Bern 1850–1900. In: Berner Zeitschrift für Geschichte und Heimatkunde 2002, S. 161–197.

Statistisches Jahrbuch der Schweiz pro 1895.

Wenger, Hans; Looser, Rudolf: 75 Jahre Krankenkasse Kanton Bern 1870–1945. Bern 1945.

Adressbuch: Adressbuch der Stadt Bern
BBB: Burgerbibliothek Bern
BHM: Bernisches Historisches Museum
IMG: Institut für Medizingeschichte
KDM: Die Kunstdenkmäler des Kantons Bern
KMB: Kunstmuseum Bern
PMB: Psychiatriemuseum Bern
SAB: Stadtarchiv Bern
StAB: Staatsarchiv Bern
UBZB: Zentralbibliothek der Universitätsbibliothek Bern

BILDERINDEX

Aegertenstrasse 46
Kirchenfeld-Schulhaus, erbaut 1890/91

Altenbergrain 21
Der Botanische Garten erlebt mehrere Umzüge. Ursprünglich im Marzili angelegt, befindet er sich später an der Amthausgasse und seit 1796 an der Langmauer. 1804 wird der Friedhof der Barfüsser, auf dem nach der Reformation ein Teil der Stadtbewohner beerdigt wurde, aufgehoben und zum neuen Botanischen Garten bestimmt. Er liegt im Hof zwischen Hochschule, Bibliotheksgalerie und Stadtbibliothek. Nach der Eröffnung des Botanischen Gartens im Rabbental 1863 wird der Hochschulgarten an private Gärtner vermietet und 1905 ganz aufgehoben. Angelegt wird der neue Botanische Garten von Johann Karl Dähler (1823–1890), der auch die Villa Pergola (Rabbentalstrasse 87) gebaut hat.

1 | Frühe Ansicht (Zeitraum 1863–1882) des Botanischen Gartens
BBB: FP. C. 127
2 | Aufnahme aus dem Anfang des 20. Jahrhunderts
BBB: FN. K. C. 187
3 | Kastanie: Zeichnung eines Waldau-Patienten
PMB: Sammlung Morgenthaler, Inv. Nr. 1869
4 | Apfel: Zeichnung eines Waldau-Patienten
PMB: Sammlung Morgenthaler, Inv. Nr. 2140
5 | Tulpen: Zeichnung eines Waldau-Patienten
PMB: Sammlung Morgenthaler, Inv. Nr. 2141

Altenbergstrasse 6
Das Landhaus ist im 19. Jahrhundert ein grosser Gasthof mit Remisen, Tenne und Stallungen. Zum Landhaus gehört auch eine Fuhrhalterei. Dort befinden sich unter anderem Pferde für den Vorspann an Aargauer-, Muri- und Nydeggstalden. Als der Wirt Peter Hofstetter die Anlage 1865 kauft, muss er die mit dem Landhaus verbundene städtische Kehrichtabfuhr übernehmen. In den Ställen befinden sich normalerweise 100 Pferde; an Markttagen können es einige 100 Stück sein. Seit 1857 findet der Viehmarkt am Klösterlistutz statt, was dem Gasthof grossen Betrieb beschert. 1897 brennt der ganze Komplex ab, wird aber innerhalb eines Jahres neu aufgebaut.

1 | Kehrichtabfuhr im Nydegghöfli
SAB: SFA TAB 001, S. 93 oben
2 | Von Pferden gezogener Kehrichtwagen auf dem Bühlplatz
SAB: SFA TAB 001, S. 94 unten
3 | Die Kehrichtwagen auf dem Platz vor dem Landhaus
SAB: SFA TAB 001, S. 94 oben

Altenbergstrasse 29
Dieser Teil des ehemaligen Saxergutes gehört nach vielen Handänderungen im Lauf des 19. und 20. Jahrhunderts seit 1935 den Diakonissen, die darin das Institut zur Bildung von Krankenpflegerinnen betreiben.

1 | BBB: Kp. IV. 277, S. 84 unten

Altenbergstrasse 43
Saxergut: 1832 kauft der Kaufmann Friedrich Emanuel Saxer das (damals noch landwirtschaftlich genutzte) Gut. Es reicht vom Haus Altenbergstrasse 19 bis etwas oberhalb des Altenbergstegs. Saxer betreibt dort auch eine Rotfärberei. Heute steht an dieser Stelle die Turnhalle mit Sportplatz von 1927.

BILDERINDEX

Altenbergstrasse 60
Das Stürler-Haus ist ein spätgotischer Bau, der sich bis 1895 im Besitz verschiedener Familien befindet. 1895 kaufen die Diakonissen das Haus und benutzen es vorerst als Anstalt für Geisteskranke. 1918–1933 wird das Haus an Private vermietet, danach richten die Diakonissen darin das Vorschulspital für Schwestern des Diakonissenhauses ein (Lehrbetrieb).

🔴 **1** | Stürler-Spital. Bleistiftzeichnung von Gustav von Steiger (1867–1935) vom 21. Mai 1886
BBB: Neg. 11 988

Altenbergstrasse 70
An der Altenbergstrasse 70 (heute: Sonnenbergrain 35) steht das Wartheim, das den Diakonissen nach dem Kauf von 1862 und einem Umbau ab 1863 als Krankenheim dient. 1920 wird es zu einem Einfamilienhaus für den Institutspfarrer umgebaut.

🔴

Alter Aargauerstalden 30

🟢 **1** | Villa Rosenberg (heute Galerie Stuker)
BBB: FN. G. E. 679

Amthausgasse

🟢 **1** | In der vorliegenden Gestalt steht der Brunnen seit 1880 in der Amthausgasse. Damals setzt man ihm die Vennerfigur auf, die vorher den Vierröhrenbrunnen am Nydeggstalden geziert hatte. 1913 wird der Brunnen aus der Amthausgasse entfernt; die Becken werden zersägt und auf dem Rathausplatz neu aufgestellt. Dort steht er noch heute, und auch die Figur des Venners blieb erhalten.
BBB: FN. G. C. 555

Amthausgasse 2
An der Amthausgasse 2 befindet sich 1894 das Café Hauptwache. Nach dem Neubau der Ecke erhält es 1905 den Namen Café Zytglogge.

🟢 **1** | Ansicht von aussen
BBB: FP. E. 373
2 | Innenansicht des Café Zytglogge
BBB: N Rudolf Münger 34 (1)

Amthausgasse 2
Rudolf Münger schmückt das Café Zytglogge mit dem hier abgebildeten Fries aus.

⚪ **1** | BBB: N Rudolf Münger 34 (1)
2 | BBB: N Rudolf Münger 34 (1)
3 | BBB: N Rudolf Münger 34 (1)
4 | BBB: N Rudolf Münger 34 (1)
5 | BBB: N Rudolf Münger 34 (1)
6 | BBB: N Rudolf Münger 34 (1)
7 | BBB: N Rudolf Münger 34 (1)

Amthausgasse 5

🟢 **1** | Das Haus an der Amthausgasse 5 ist von 1836 bis 1949 im Besitz der Familie Marcuard. Heute gehört es der Burgergemeinde; es ist Sitz des Präsidenten und beherbergt Teile der burgerlichen Verwaltung.
BBB: FN. G. E. 79

BILDERINDEX

Amthausgasse 7

◉ 1 | An der Amthausgasse 7 befindet sich von 1847 bis 1900 das Amthaus, bevor es an den heutigen Standort verlegt wird. Blick Richtung Osten
BBB: FP. E. 93

Amthausgasse 15
An der Amthausgasse 15 betreibt Samuel Mory eine Lohnkutscherei.

◉ 1 | BBB: FN. G. C. 554
2 | BBB: Kp. IV. 277, S. 26

Amthausgasse 17
Das Bürki-Haus bekommt den Namen nach seinem Besitzer Friedrich Bürki (1819–1880). Er war Bankier, Grossrat von 1850 bis 1862, Stadtrat und Kunstsammler. 1896 kauft die Eidgenossenschaft das Haus und benutzt es als Verwaltungsgebäude. Dann wird es abgebrochen, und an seiner Stelle entsteht 1909–1911 die Nationalbank.

◉ 1 | Südseite des Bürki-Hauses (Gebäude rechts), im Vordergrund die Inselgasse (heute Kochergasse). Links davon, mit Mansarddach, das Haus Amthausgasse 23
BBB: Kp. IV. 277, S. 23 oben
2 | Westseite des Bürki-Hauses. Die Gebäude westlich davon mussten für den Bundesplatz weichen.
BBB: FP. E. 169
3 | Aufnahme des Bürki-Hauses vor dem Abbruch, wohl kurz vor Weihnachten 1908
BBB: FP. E. 707

Amthausgasse 22

◉ 1 | In diesem Gebäude (im Bild ganz rechts) befindet sich seit 1834 die Burgerliche Mädchenschule. 1852 geht sie an die Einwohnergemeinde über und heisst von 1867 an Städtische Mädchenschule. 1880 fusioniert sie mit der Einwohnermädchenschule und bekommt an der Bundesgasse 26 eine neue Bleibe. In der Folge quartiert sich die Knabensekundarschule bis 1907 an der Amthausgasse ein, danach bezieht sie das Schulhaus an der Viktoriastrasse 71.
BBB: FP. D. 46

Amthausgasse 23
An der Amthausgasse 23 befindet sich die Zentralverwaltung der Schweizerischen Mobiliar-Versicherungsgesellschaft.

◉ 1 | Police für die Sammlungen des Naturhistorischen Museums von 1843
BBB: VA NHB 96 (16)

Amthausgasse 28

◉ 1 | 1806 erwirbt die Gesellschaft zu Ober-Gerwern das Gebäude an der Marktgasse 45. In der Mitte des 19. Jahrhunderts kauft sie das südseitig anstossende Haus an der Amthausgasse 28 und lässt es 1856–1859 umbauen. 1898–1900 erfolgt ein weiterer Umbau der Geschäftsräume im Erdgeschoss. Das Bild zeigt diesen Zustand. Das heutige Aussehen erhält das Haus durch die Renovation der Jahre 1966–1968.
BBB: FA von Fischer, Graphik IV, Umschlag «Stadt Bern»

BILDERINDEX

Bahnhofplatz 11
Das 1857 eröffnete Haus wird zu Beginn Zähringerhof genannt, zuweilen auch Hotel Fetzer. Seit Beginn der 1860er-Jahre heisst es Schweizerhof, anfangs auch französisch Hôtel Suisse. Der alte Schweizerhof wird 1911 abgerissen, und 1911/12 entsteht das neue Gebäude.

Bärengraben
Der heutige Bärengraben ist verhältnismässig jung. Ursprünglich, das heisst von 1513 bis 1763, leben die Bären im Graben vor dem Käfigturm (daher der Name Bärenplatz). Dann kommen sie vor das Bollwerk: von 1764 bis 1825 in den Graben auf der Höhe des heutigen Gebäudes Bollwerk 25 (ehemalige Bollwerkpost), von 1825 bis 1857 in einen Graben im Bereich des heutigen Eisenbahnareals (Bollwerk 14). Wegen des Baus der Schweizerischen Centralbahn müssen die Bären 1857 an den heutigen Standort umziehen. Die Gräben sind allerdings nicht kontinuierlich belegt: Der Graben am Bollwerk 25 steht von 1798 bis 1810 leer. Im dritten Graben sterben 1853 die letzten Bären, weil er äusserst ungeeignet ist. Sie werden noch im selben Jahr durch andere ersetzt.

1 Alter Bau des Schweizerhofs, Ansicht von Süden
BBB: FP. C. 118
2 Alter Bau des Schweizerhofs, Ansicht von Nordwesten. Vor dem Gebäude der Neuengass-Brunnen, der 1964 dem Bahnhofausgang in die Neuengasse zum Opfer fällt.
BBB: Kp. IV. 277, S. 6 oben

1 Der Bärengraben war und ist immer ein beliebtes Sujet für Fotografen. Im 19. Jahrhundert haben diese allerdings das Problem, dass sich wegen der noch relativ langen Belichtungszeiten die Bären nicht scharf abzeichnen. Auch die Schatten sind nicht perfekt konturiert. Das zwingt zu Retouchen, die mitunter auch ins Auge gehen können. Auf dem vorliegenden Bild kann man sich mit den nachgezeichneten Bären gerade noch abfinden; aber der Schattenwurf wollte nicht so recht gelingen: Man vergleiche die Richtung der Schatten der beiden Bäume und der Bären! Rechts im Hintergrund beweist ein Junge, dass die Jugend früher auch nicht besser war: Er neckt mit einer Quaste an einer Schnur den sich vergeblich streckenden Bären.
BBB: FP. E. 539
2 Die hier abgebildete Postkarte mit dem Bärengraben dürfte eine der gröbsten Fotomontagen in der Geschichte der Ansichtskarten sein. Die untere Hälfte der Karte mit Bärengraben und Kiosk ist seitenverkehrt. Der Muristalden hinter dem Bärengraben ist viel zu klein, das heisst, von weit weg fotografiert worden. Steht man so nahe am Graben, sieht man nur einen Teil des Muristaldens, ganz sicher aber nicht die Alpen. Und schon gar nicht diese: Der Blick geht ja eigentlich nach Osten; doch auf der Postkarte sind jene Berge zu sehen, die sich südlich des Betrachters befinden, wären also um 90° weiter rechts. Spiegelverkehrt sind sie auch noch: das Stockhorn links, der Niesen rechts.
BBB: AK. 669
3 Der älteste Bärengraben vor dem Käfigturm
BBB: Gr. A. 247
4 Bärengraben 1763–1825 (vor der vierten Stadtbefestigung)
BBB: Gr. A. 603

BILDERINDEX

	5	Der dritte Bärengraben am Bollwerk 14, beim damaligen Aarbergertor (Ansicht von Westen). Aufnahme von 1857 BBB: FP. E. 713
Beim Zeitglocken 2	○ **1**	Aussenansicht vor dem Umbau: Die Lauben fehlen noch, die Fassade befindet sich auf der Höhe der Strasse. BBB: FN. G. E. 113
Beim Zeitglocken 2	◉ **1**	Apotheke Volz: Innenansicht Privatbesitz, Bern
Beim Zeitglocken 6	○ **1**	An der Ecke Kornhausplatz/Beim Zeitglocken 6 befindet sich seit dem Mittelalter das Gesellschaftshaus zu Oberpfistern, seit der Vereinigung mit Niederpfistern ist es das gemeinsame Zunfthaus aller Bäcker. Der Bau der Jahre 1595–1598 besteht bis 1848. Damals wird das Haus komplett abgerissen und durch einen 1851 bezogenen Neubau, das Hotel Pfistern, ersetzt. Das Gasthaus enthält nebst den Hotelzimmern auch Säle für Gesellschaften und Veranstaltungen. 1924 bezieht Pfistern das neue Zunfthaus an der Kramgasse 9. Das Hotel Pfistern wird verkauft und 1925 abgebrochen. Die Aufnahme zeigt das Hotel von Süden, wie es um 1890 ausgesehen hat. BBB: PW. 213, Nr. 5
Blutturm Der Blutturm schliesst die vierte, von 1458 bis 1470 verstärkte Stadtbefestigung gegen Norden ab. Der Name Blutturm taucht erstmals in einer Schrift von 1732 auf; er ist also nicht die ursprüngliche Bezeichnung. Frühere Namen sind Aarethurm, Wasserpulver-, Harzwurst,- Pech- und Heimlichgerichtsturm. Die Bausubstanz ist praktisch unverändert erhalten.	○ **1** **2**	Der Blutturm, noch vor dem Bau des Aarewegs BBB: FP. E. 569 Ansicht des Blutturms von Nordosten. Der Aarehang ist noch nicht mit Bäumen bewachsen. Im Hintergrund die alte Eisenbahnbrücke. Den Raum zwischen Blutturm und Eisenbahnbrücke überspannt heute die Lorrainebrücke. BBB: FP. F. 97
Bolligen	○ **1**	Bolligen, Dorfansicht mit Kirche BBB: Stumpf 113
Bolligen	○ **1**	Geläute der Kirche Aufnahme: Mathias Walther

BILDERINDEX

Bolligenstrasse 117

Auf dem Areal der heutigen Waldau stehen ursprünglich das Siechenhaus (seit 1491), das Blatternhaus (seit 1601, zur Versorgung von Syphiliskranken und Patienten mit Hautkrankheiten) und das Tollhaus (seit 1749). 1765 vereinigt man Siechen- und Blatternhaus in einem neuen Gebäude; es entsteht das Ausserkrankenhaus. Dieses wird 1884 mit der Insel zusammengelegt. So bleibt nur noch das Tollhaus auf dem Breitfeld. 1855 kann dieses einen Neubau beziehen, der den Namen Waldau erhält. Der Krankenbestand der Waldau beträgt auf den 1. Januar 1894 genau 410 Personen (200 Männer, 210 Frauen). Im Vergleich zu heute, wo 256 Betten zur Verfügung stehen, werden viel mehr Leute stationär behandelt. Wer sich für die Geschichte der Psychiatrie interessiert, kann das 1991 gegründete Psychiatrie-Museum auf dem Gelände der Waldau besuchen.

1 | Waldau: das Gebäude von 1855 von Norden. Die Bauten im Vordergrund existieren heute nicht mehr.
BBB: Gr. C. 65

2 | Südseite des Waldau-Gebäudes von 1855. Die beiden Torhäuschen werden später entfernt.
BBB: Gr. C. 67

3 | Zellentüre mit 3-Punkt-Schliessung
PMB: K03-015

4 | Wachsaal mit Ärztin und Patienten
PMB: K08-063

5 | Wachsaal für Unruhige – Betten, Patientinnen und Wärterinnen
PMB: K01-046

6 | Zwangsernährung einer Patientin, Arzt und Wärterinnen
PMB: K01-69

7 | Bad im Althaus
PMB: K08-59

8 | Operation, Team
PMB: K11-029

9 | Hauptgebäude – Küche
PMB: K08-85

10 | Wäscherei mit Frauen
PMB: K01-049

11 | Küche, Bäcker mit Kuchen
PMB: K08-77

12 | Beim Sauerkrauteinmachen
PMB: K08-83

13 | Patient als Lehrmeister eines normalen Kindes
PMB: K01-03

14 | Korber vor Siechenschlössli mit Kindern
PMB: K01-050

15 | Patient, Spengler bei der Arbeit
PMB: K01-66

16 | Patientinnen beim Nähen mit Wärterinnen
PMB: K03-002

17 | Hörszene: Ab 1890 intensivieren die Psychiater die Bemühungen, ihre Rolle in der schweizerischen Strafjustiz aufzuwerten. Sie verlangen eine stärkere gesetzliche Bindung der Richter an die abgegebenen psychiatrischen Gutachten.
Text: Andreas Thiel

BILDERINDEX

Bolligenstrasse 117

1 | Adolf Wölfli spielt die vor ihm liegenden Zeichnungen
PMB: K01-006

2 | Léon Alphonse Kropf (Patient in der Waldau): «Kaiser Franz Joseph auf dem Sterbebett»
PMB: Sammlung Morgenthaler, Inv. Nr. 1637

3 | Zeichnung eines Waldau-Patienten: Frau vor Spiegel III
PMB: Sammlung Morgenthaler, Inv. Nr. 1509

4 | Hans Wüthrich (Patient in der Waldau): «Prosit Neujahr»
PMB: Sammlung Morgenthaler, Inv. Nr. 2561

5 | Alfred Köchli (Patient in der Waldau): «Für das Museum Bern»
PMB: Sammlung Morgenthaler, Inv. Nr. 2717

6 | Oskar Büttikofer (Patient in der Waldau): Frau in Abendkleid I
PMB: Sammlung Morgenthaler, Inv. Nr. 1319

Bollwerk 4
Der Hauptbahnhof wird 1860 dem Betrieb übergeben. Zuerst als Kopfbahnhof konzipiert, erfolgt 1889–1891 der Umbau zum Durchgangsbahnhof. Ursprünglich steht der Südabschluss auf einer Linie mit der Portalseite der Heiliggeistkirche. Anlässlich des Umbaus von 1930 wird die Südfront um rund 30 Meter zurückgenommen.

1 | Ostseite des Bahnhofs
BBB: FP. D. 201

2 | Ostseite des Bahnhofs. In der nördlichen Verlängerung der Heiliggeistkirche, zwischen Bahnhof und Schweizerhof, befindet sich damals mitten auf dem Bahnhofplatz diese kleine Gartenanlage.
BBB: FP. D. 197

3 | Der alte Kopfbahnhof. Im Vordergrund die Bollwerk-Passerelle, rechts neben dem Bahnhof das Burgerspital, hinter dem Bahnhof das Gebäude der Eidgenössischen Bank
BBB: FP. C. 149

4 | Ostseite des Bahnhofs. Gut sichtbar sind die auf Kundschaft wartenden Droschken und die Fuhrwerke, welche hier Güter aufnehmen oder abgeben. Lastwagen gibt es bis ins 20. Jahrhundert nicht.
BBB: FN. G. C. 301

5 | Blick ins Bahnhofbuffett. Die stramme Haltung des Personals im Hintergrund lässt erkennen, dass die Aufnahme gestellt ist.
BBB: FN. G. C. 763

6 | Die Feinverteilung im Nahverkehr übernimmt nach wie vor die Kutsche, hier im Bild in der Brunnmatt (links das Brunnenhaus).
Privatbesitz, Bern

BILDERINDEX

Bollwerk 10
An der Stelle des heutigen Gebäudes am Bollwerk 10 steht ursprünglich ein 1749/50 erbautes Artilleriezeughaus. Es dient seit 1798 als Kavalleriekaserne. Im Zusammenhang mit dem Bau des Bahnhofs wird das Gebäude abgerissen und praktisch am gleichen Ort wieder aufgebaut. Bis 1932 befinden sich im Gebäude nebst der Kaserne auch einige naturwissenschaftliche Institute der Universität. Ganz am Südende besteht in der zweiten Hälfte des 19. Jahrhunderts auch noch die Gewerbehalle, wo das städtische Gewerbe seine Produkte ausstellt. Von 1932 bis zum Abbruch 1965 richtet sich die PTT dort ein.

1 Die Kavalleriekaserne von Süden. Im Hintergrund ist das äussere Aarbergertor zu sehen.
BBB: PW. 213, Nr. 75

2 Aufnahme der Kavalleriekaserne von 1896. Auf dem Dach sind bereits die Verteilermasten für die Telefonleitungen montiert. Zu dieser Zeit befinden sich dort das pharmazeutische, das zoologische und das mineralogische Institut der Universität.
BBB: FP. E. 304

Bollwerk 10

1 Vom 13. bis 22. September 1895 findet in Bern die 6. Schweizerische Ausstellung für Landwirtschaft, Forstwirtschaft und Fischerei statt. Dazu gehört natürlich auch ein Umzug, den wir hier am Bollwerk sehen. Im Vordergrund das äussere Aarbergertor, gleich dahinter die Kavalleriekaserne
BBB: FP. D. 117

Bollwerk 25
An der Stelle der Bollwerkpost steht bis zum Abriss 1894 das 1826–1830 erbaute Grosse Zuchthaus. Es ist zu seiner Zeit die grösste Strafanstalt der Schweiz.

1 Blick von der Grossen Schanze auf das Zuchthaus (linke Bildhälfte). Gleich links an das Zuchthaus anschliessend befindet sich das äussere Aarbergertor. Gut sichtbar ist in der rechten Bildhälfte auch das Gebäude des Schweizerhofs am Bahnhofplatz. Das Bild entstand im Zeitraum 1860–1863.
BBB: Gr. C. 816

2 Bau der Bollwerkpost am ehemaligen Standort des Grossen Zuchthauses
BBB: FPa. 1, S. 24, Nr. 4

Breitenrainstrasse 26
Johanneskirche. Erbaut 1892/93

1 Aufnahme vom 10. April 1894
BBB: FN. G. C. 646

2 Geläute der Kirche
Aufnahme: Mathias Walther

Brunnergut

1 Feuerwehr vor dem am 10. Oktober 1908 abgebrannten Gut
Archiv der Berufsfeuerwehr Bern: Album 1a, Bl. 23

2 Teil des abgebrannten Brunnerguts
Archiv der Berufsfeuerwehr Bern: Album 1a, Bl. 22

3 Teil des abgebrannten Brunnerguts
Archiv der Berufsfeuerwehr Bern: Album 1a, Bl. 21

Brunngasse 66
Sekundarschule

BILDERINDEX

Bümpliz

○ 1 | Kirche
BBB: AK. 745
2 | Geläute der Kirche
Aufnahme: Mathias Walther

Bundesgasse

◉ 1 | Stimmungsbild aus der Bundesgasse um die Mitte der 1880er-Jahre
BBB: PW. 213, Nr. 35

Bundesgasse 1
Von 1852 bis 1857 errichtet die Stadt das damals als Bundesratshaus bezeichnete Gebäude.

◉ 1 | Das Bundeshaus West vor dem Bau der Marzilibahn. Rechts am Hang die Bundesgärtnerei und Wäscheleinen, wohl vom Hotel Bernerhof
BBB: PW. 213, Nr. 1
2 | Auf diesem Bild ist die Bundesgärtnerei noch etwas besser sichtbar; seit 1885 verbindet die Bahn das Marzili mit dem Bundeshaus West.
BBB: FP. E. 320

Bundesgasse 2/Schauplatzgasse 1
In der rasch wachsenden Stadt fehlt nach 1850 ein genügend grosser Saal für kulturelle Veranstaltungen. Die Räume von Casino und Stadttheater genügen nicht mehr. Die 1847 gegründete Museumsgesellschaft errichtet 1866–1869 zusammen mit der ersten Berner Baugesellschaft an der Westseite des Bundesplatzes (damals noch Casinoplatz) das Gesellschaftshaus Museum. Im Erdgeschoss befinden sich die Räume für den Lesezirkel, der Konzertsaal im ersten Stock dient auch als Vortrags-, Fest- und Ballsaal. Die Statuen am obersten Teil der Fassade werden 1871 aufgestellt. Der 1906 abgeschlossene Umbau zur Kantonalbank verändert das Innere stark. Der Brunnen vor der Ostfassade wird 1901 auf den Bärenplatz versetzt.

◉ 1 | Die Aufnahme zeigt das Gebäude im Zustand von 1894.
BBB: FN. G. E. 23
2 | Innenansicht der Kantonalbank nach 1906
BBB: Depositum Agathon Aerni, Heft «Wo verkehren wir in Bern?»

Bundesgasse 3
1859 wird der Bernerhof unter dem Namen Hôtel de la Couronne eröffnet. Der Viehmarkt, der vorher an dieser Stelle stattgefunden hat, wird an den Klösterlistutz verlegt. Im damals ersten Haus in Bern logieren viele hohe Gäste aus dem Ausland. Dazu gehört auch Rama V., König von Siam, der Bern 1897 besucht.

◉ 1 | Der Bernerhof von Südwesten, noch vor dem Umbau von 1907/08
BBB: FN. G. E. 27
2 | Speisesaal
BBB: Fl Hotel Bellevue Palace AG 60 (7) a
3 | Restaurant Louis XIV
BBB: Fl Hotel Bellevue Palace AG 60 (7) b
4 | Grosser Festsaal
BBB: Fl Hotel Bellevue Palace AG 60 (7) c
5 | Halle auf der Südseite
BBB: Fl Hotel Bellevue Palace AG 60 (7) d

Bundesgasse 3

◉ 1 | Speisekarte für den Besuch des Königs von Siam
UBZB: CCB, Mappe Menükarten
2 | Speisekarte für den Besuch des Königs von Siam
UBZB: CCB, Mappe Menükarten

BILDERINDEX

	3	Besuch des Königs von Siam
		© Association frères Lumière, Paris: 786. Berne: Arrivée du roi de Siam, 25 mai 1897

Bundesgasse 6

Die (damals rein burgerliche) Stadtverwaltung gründet 1825 die Deposito-Cassa mit dem Zweck, das Vermögen der Stadt möglichst gewinnbringend zu verwalten. Nach der Trennung von Einwohner- und Burgergemeinde arbeitet die Bank mit dem Vermögen der burgerlichen Institutionen und der Zünfte weiter. Selbstverständlich steht sie auch Privaten offen. Sie ist die erste Bank der Schweiz, die banknotenähnliche Papiere herausgibt. Im entsprechenden Beschluss der Finanzkommission vom 25. Mai 1825 heisst es: «Denjenigen, welche bei der Deposito-Cassa Geld aufnehmen, wird die in ihren zinsbaren Verschreibungen ausgesetzte Summe nach ihrem Belieben in baarem Gelde oder in solchen Billets und zum wievielten Teil sie es verlangen, abgeliefert.»

● 1 | Die abgebildete Note der Deposito-Cassa stammt aus dem Jahr 1832.
BBB: Gr. B. 300

Bundesgasse 6

○ 1 | Banknote: Zeichnung eines Waldau-Patienten
PMB: Sammlung Morgenthaler, Inv. Nr. 1172

Bundesgasse 22/Christoffelgasse 6

● 1 | Die 1869 gegründete Volksbank bezieht 1876 das Gebäude an der Ecke Bundesgasse/Christoffelgasse.
BBB: FP. E. 152

Bundesgasse 26

○ 1 | Mädchensekundarschule. Im Vordergrund die neu bepflanzte Kleine Schanze
BBB: FN. G. C. 320

Casinoplatz

Obwohl das Parlamentsgebäude erst 1896–1900 entsteht, wird schon 1894 mit dem Bau der hangseitigen Stützmauer begonnen. 1902 kann die Bundesversammlung das Gebäude einweihen.

● 1 | Das bekannte Bild zeigt die Vollendung des Gerüsts für die Kuppel des Parlamentsgebäudes. Es ist wohl von der Spitze der kleineren, südöstlichen Kuppel aus fotografiert. Ganz rechts unten die Ecke Bärenplatz/Spitalgasse
BBB: FN. G. F. 15

2 | Das Parlamentsgebäude während des Umbaus von 2007. Interessant: Grosse Teile werden wieder in den Originalzustand von 1902 zurückversetzt.
Bild: Martin Mühlethaler

3 | Anekdote
Erzählt von J. Harald Wäber

BILDERINDEX

Casinoplatz

1 | Bau der Stützmauer für das Parlamentsgebäude. Dahinter das Bundeshaus Ost und, noch in seiner alten schmalen Form, das Hotel Bellevue. Auf den Baustellen wird noch fast ausschliesslich von Hand gearbeitet. Tretkräne in der abgebildeten Art kommen erst zu Beginn des 20. Jahrhunderts ausser Gebrauch.
BBB: FP. F. 10

Christoffelplatz 3

1 | Anekdote
Erzählt von J. Harald Wäber

Christoffelplatz 4
Das Burgerspital ist ein Fusionsprodukt aus mehreren älteren Institutionen. 1228 wird das Obere (= Heiliggeist-) Spital gegründet. 1531 übernimmt dieses zudem die Aufgaben der Ende des 14. Jahrhunderts entstandenen Elendenherberge, deren Zweck es gewesen war, arme Durchreisende aufzunehmen. Die Elendenherberge wird nach der Reformation aufgehoben. Das 1307 gegründete Untere Spital ist in erster Linie eine Pfrundanstalt, was man ungefähr mit einem heutigen Pflegeheim vergleichen könnte. Ein Ratsbeschluss von 1715 verfügt die Zusammenlegung von Oberem und Unterem Spital. So entsteht das Grosse Spital, das 1716–1719 in den Räumen des Unteren Spitals seinen Betrieb aufnimmt. Mit der Zeit bürgert sich für das Grosse Spital der Name Burgerspital ein. Zuerst befindet es sich in den Räumen des ehemaligen Predigerklosters im Gebiet nördlich der Französischen Kirche, wo heute Stadttheater und Polizeidirektion stehen. 1734–1742 entsteht der Neubau am heutigen Standort, damals zwischen Obertor (mit dem Christoffelturm) und Murtentor gelegen. Innenaufnahmen: Die Insassen verfügen über geräumige Zimmer, die sie auch selber einrichten können.

1 | Blick in den Innenhof des Burgerspitals
BBB: FP. E. 516
2 | Kapelle des Burgerspitals
BBB: FN. G. E. 402
3 | Lange Zeit versahen Diakonissen ihren Dienst im Burgerspital.
BBB: FP. E. 509
4 | BBB: FP. E. 506
5 | BBB: FP. E. 507
6 | BBB: FP. E. 511
7 | BBB: FP. E. 512
8 | BBB: FP. E. 513

Dählhölzli

1 | Familienausflug
BBB: FN. G. C. 641
2 | Familienausflug
BBB: FN. G. C. 642

Dalmazibrücke
Die 1871/72 errichtete Dalmazibrücke wird 1926 auf beiden Seiten durch Trottoirs ergänzt. 1958 wird sie abgerissen und durch die heute bestehende Betonbrücke ersetzt.

1 | Zustand vor 1926
BBB: PW. 213, Nr. 10
2 | Umbau: Ansicht von Süden, 18. November 1927
SAB: SFA TAB 001, S. 29 oben
3 | Umbau: nördliches Trottoir, 18. November 1927
SAB: SFA TAB 001, S. 29 unten
4 | Umbau: südlich angebautes Trottoir
SAB: SFA TAB 001, S. 31 oben

BILDERINDEX

5 Die Brücke von 1927 bis 1957
Denkmalpflege der Stadt Bern, G 39.4
6 Bild auf der Einladung zur Einweihung der neuen Brücke 1958
Denkmalpflege der Stadt Bern, G 107 242/5

Dalmaziweg 74

1 Liqueurfabrik Demme & Krebs («Spritfabrik»): Gebäude in der Bildmitte, jenseits der Aare
BBB: FP. D. 445

Dorngasse 8, 12
Zingg's Söhne, Käsehandlung en gros und Sauerkrautfabrikation

Effingerstrasse 67
1850 beginnt der Küfermeister Johann Hurni (1807–1889) am Rathausplatz, Sauerkraut und Sauerrüben herzustellen. Von 1880 bis 1890 arbeitet der Schwiegersohn Louis Fazan aus Genf im Unternehmen mit. Nach seinem Tod führen zuerst seine Witwe, dann der Sohn Eduard den Betrieb weiter. Da die Polizei die Sauerkrautfabrikation in der Altstadt verbietet, zieht die Firma 1890 an die Effingerstrasse 67; 1898 lässt sie sich definitiv in Bümpliz nieder.

1 Firmenschild
BBB: FI Fazan
2 Haus an der Effingerstrasse mit angebautem Fabrikationstrakt
Privatbesitz, Bern
3 Kabislieferung
Privatbesitz, Bern
4 Kabislager, 1895
Privatbesitz, Bern
5 Maschine zum Zerschneiden der Kabisköpfe
Privatbesitz, Bern
6 Büro, 1895
Privatbesitz, Bern

Egelsee

1 Eislauf auf dem Egelsee
BBB: Stumpf 68
2 Freizeitvergnügen auf dem Egelsee
BBB: FN. G. C. 601

Eisenbahnbrücke
Die erste Eisenbahnbrücke Berns entsteht von 1856 bis 1858. Der Bau ist spektakulär: Die Eisenkonstruktion wird auf der Schützenmatte vormontiert und schliesslich in drei grossen Teilen auf die Pfeiler geschoben. Diese Arbeit dauert vom 26. März bis 28. August 1858. Bei ihrer Fertigstellung gilt sie als bedeutendste Brückenkonstruktion aller schweizerischen Bahnen. Sie kann sowohl Strassen- als auch Schienenverkehr

1 Montieren eines der vorgefertigten Teile; im Tretkran stehen zwei Arbeiter.
BBB: FP. D. 459
2 Die Brücke ist schon fast fertig montiert.
BBB: FP. D. 457
3 Die Eisenbahnbrücke im Zeitraum 1877–1889. Im Vordergrund das Haus Schwyzerstärnweg 18
BBB: FP. E. 195

BILDERINDEX

aufnehmen. Oben fahren die Züge, im Innern der Eisenkonstruktion ist Platz für Fussgänger und Fuhrwerke. Die Anlage ist unfallträchtig: Die Fussgänger können den Fuhrwerken seitlich nicht ausweichen, das Kreuzen zweier Fuhrwerke ist heikel, und wenn oben ein Zug durchfährt, scheuen die Pferde. Nach dem Bau der neuen Eisenbahnbrücke wird die alte 1941 demontiert.

4 | Eisenbahnbrücke mit Zug; unten Pferdeverkehr (nach 1903). Der Weg entlang der Aare ist erst im Entstehen begriffen.
BBB: FN. G. D. 44

5 | Ansicht von unten, parallel zur 1928–1930 erbauten Lorrainebrücke
BBB: FP. D. 463

6 | Nach dem Abbau der Eisenkonstruktion werden die nicht mehr benötigten Pfeiler gesprengt.
BBB: FP. D. 462

Engestrasse 10
In den Jahren 1892–1894 wird das Tierspital im Winkel zwischen Schützenmattstrasse und Engehaldenstrasse neu gebaut, denn das alte Gebäude war 1891 abgebrannt. 1966 verlegt man das Tierspital an den heutigen Standort in der Länggasse. Die Gebäude des alten Tierspitals dienen anschliessend den Germanisten und den Historikern, bis diese in die Unitobler umziehen.

1 | Verwaltungsgebäude des Tierspitals
BBB: FP. E. 558

2 | Anekdote
Erzählt von J. Harald Wäber

Englische Anlagen

1 | Mutter und Kind beim Schlitteln
BBB: FP. D. 474

Fabrikstrasse 2–16
1894 kauft die Firma Von Roll die Gebäude auf dem heute als Von Roll-Areal bekannten Gelände. Dort hatten sich verschiedene Metallbaubetriebe befunden, die jedoch gegen Ende des 19. Jahrhunderts schliessen mussten. Von Roll beginnt, eine Giesserei und eine Metallbauwerkstätte zu betreiben, wo Eisenbahn-, Bergbahn-, Seilbahnmaterial und Krane hergestellt werden. 1997 wird die Produktion eingestellt.

1 | Betrieb in einer Giesserei
SAB: SD X, 41

2 | Betrieb in einer Giesserei
SAB: SD X, 42

Falkenplatz 18

1 | So sieht das Haus Falkenplatz 18 im Jahr 1894 aus. Christian Heinrich Hugendubel (1803–1897), Direktor der Realschule, liess es 1841 bauen.
BBB: FN. G. C. 341

Falkenplatz 18

1 | Fotografie mit dem Titel «Maman, Germaine & Max». Es sind nicht Mitglieder der Besitzerfamilie.
BBB: FN. G. C. 340

BILDERINDEX

Falkenweg 9
Prominenter Bewohner dieses Hauses ist der damalige Stadtpräsident Eduard Müller (1848–1919). Er ist der Sohn des Theologieprofessors Eduard Müller (1820–1900), studiert in Bern, Leipzig, Heidelberg und Paris Jura und lässt sich 1874 in Bern nieder. Zwei Jahre lang, von 1874 bis 1876, ist er Gerichtspräsident. Seine politische Karriere beginnt er mit der Wahl in den Grossen Rat 1882; schon 1884 wird er auch Nationalrat. Zudem ist er Mitglied des Verfassungsrates, der die 1885 vom Volk abgelehnte Verfassung ausarbeitet. 1888 ist er einer der Hauptakteure beim Sturz der konservativen Stadtregierung. Im selben Jahr wird er Nachfolger des letzten patrizischen Stadtpräsidenten Berns und bleibt dies bis zu seiner Wahl in den Bundesrat 1895. Zu alledem findet er auch noch die Zeit, eine militärische Karriere zu machen, die er 1888 mit dem Rang eines Oberstdivisionärs krönt. Im Bundesrat bleibt Müller bis 1918. Unter seiner Regie werden zwei Projekte verwirklicht, die noch heute bekannt sind: die Einführung des schweizerischen Zivilgesetzbuchs und die neue Militärordnung von 1907.

1 | Porträt als Bundespräsident
StAB: T. D. 18

Feldeggweg 1
Eines der Vergnügen, die dem Menschen des 19. Jahrhunderts zur Verfügung stehen, ist der Besuch eines Restaurants. Dort wird auch getanzt. Wenn nicht ein Orchester spielt, so steht vielleicht ein mechanisches Instrument zur Verfügung.

1 | Restaurant Du Pont, eröffnet 1884
BBB: FP. G. 98

2 | «Schmeichelkätzchen» von Richard Eilenberg. Instrument: mechanisches Klavier, Marke Scholze, mit Geigen- und Mandolinenbegleitung
Museum für Uhren und Mechanische Musik/Kurt Matter-Stiftung «Haus der Musik» Oberhofen

3 | «Ballettratten», Walzer. Instrument: mechanisches Klavier, Marke Scholze, mit Geigen- und Mandolinenbegleitung
Museum für Uhren und Mechanische Musik/Kurt Matter-Stiftung «Haus der Musik» Oberhofen

4 | «Heute war ich bei der Frieda», Foxtrott von Jim Cowler. Instrument: Hubfeld-Orchestrion Modell «Helios»
Museum für Uhren und Mechanische Musik/Kurt Matter-Stiftung «Haus der Musik» Oberhofen

5 | «Oldtimers», Potpourri. Instrument: Hubfeld-Orchestrion Modell «Helios»
Museum für Uhren und Mechanische Musik/Kurt Matter-Stiftung «Haus der Musik» Oberhofen

BILDERINDEX

Feldeggweg 7
Der Erbauer der Häuser Feldeggweg 1 und 7 ist der Architekt Horace Edouard Davinet (1839–1922). Er wird in Pont d'Ain in Frankreich geboren. Verwandtschaftliche Beziehungen führen ihn nach Bern, und 1856 beginnt er hier eine Lehre beim Architekten Friedrich Studer. Nach Arbeiten in Cannstatt kehrt er in die Schweiz zurück, wo er einer der bekanntesten Architekten seiner Zeit wird. Er macht sich einen Namen als Spezialist für Hotelbauten. In Interlaken baut er 1864 die Hotels Victoria und Jungfrau, 1865 Belvédère und Bellevue sowie den Kursaal und am Brienzersee das Hotel Giessbach. Es folgen viele weitere Bauten, unter anderem das Hotel Rigi Kulm, der Kursaal in Heiden und das Hotel Beau Rivage in Interlaken. 1876 lässt sich Davinet definitiv in Bern nieder, wo er eine grosse Anzahl Wohnhäuser erstellt. Doch auch in dieser Zeit betreut er einige Grossprojekte, so das Hotel Viktoria in Bern, das Kollegium in Schwyz und das Priesterseminar in Luzern. 1891 wird er zum Direktor des Kunstmuseums ernannt.

1 | Fotografie des 80-jährigen Horace Edouard Davinet an seinem Arbeitstisch im Kunstmuseum
BBB: Mss.h.h. LII. 132 (1)

Freiburgstrasse 41
Villa auf dem Engländerhubel

Freiburgstrasse 82
Im Januar 1894 erlebt Bern eine Blatternepidemie. Ausgelöst wird sie durch einen Schneidergesellen aus La Chaux-de-Fonds, der in der Gesellenherberge zum Schlüssel übernachtet. Dort stecken sich weitere Handwerksgesellen und Mitglieder des Personals an. Einer der Gesellen übernachtet später im Ochsen, wo er weitere Gäste, den Wirt und Personal ansteckt. Sowohl der Schlüssel als auch der Ochsen werden desinfiziert und von der Polizei geschlossen. Ein vergleichbarer Ansteckungsort ist die Passantenherberge des Burgerspitals. Auch sie muss schliessen. Bald treten die Pocken in der ganzen Stadt auf. Ein weiterer Infektionsherd, der sich identifizieren lässt, sind die Proben zur Aufführung der «Iphigenie» im Stadttheater, wo der Theatermeister die Krankheit verbreitet. Daraus ergeben sich fünf direkte und weitere sieben indirekte Ansteckungen. Insgesamt werden im Gemeindelazarett 134 Fälle behandelt. Interessant ist die Feststellung des dortigen Arztes, dass die hygienischen Verhältnisse (die in allen Fällen untersucht werden) keinen Einfluss auf die Verbreitung der Krankheit haben. Sie betrifft alle Schichten der Bevölkerung und beide Geschlechter. Grosse Unterschiede im Krankheitsverlauf ergeben sich jedoch daraus, ob die Betroffenen eine erfolgreiche Pockenimpfung erhalten haben oder nicht. Weniger als ein Drittel der Patienten war vorher nicht geimpft gewesen; allerdings entfallen sechs der acht Todesfälle auf diese Gruppe. Da gerade zu dieser Zeit das kantonale Impfgesetz diskutiert wird, erhält der Arzt des

1 | Tabelle aus: Ost, Wilhelm: Die Blatternepidemie in Bern vom Jahr 1894. Bern 1894, S. 13
2 | Hörszene: Proben zur Iphigenie am Stadttheater
Text: Andreas Thiel

Gemeindelazaretts hier die Gelegenheit, die damals noch nicht allgemein anerkannte Wirksamkeit der Pockenimpfung beweisen zu können.

Friedheimweg 9
Seifen- und Kristallsodafabrik Münger

Friedheimweg 18
Friedheim (1940 durch Kantine der Wander AG ersetzt)

Gerberngasse 12

1 | Blick in eine Wohnung der Unterprivilegierten
SAB: SD IX, 49

Gerberngasse 35
Die Feuerwehr befindet sich bis 1908, als sie an die Nägeligasse zieht, in den Gebäuden der Stadtpolizei, 1894 also an der Polizeigasse 5. Sie wird zu dieser Zeit noch ausschliesslich aus Freiwilligen gebildet. Die Feuerwehr besteht aus zwei Löschkompanien, einer Sappeur-, einer Rettungs- und einer Sicherheitskompanie. Diese hat für die Absperrung des Brandplatzes und die Bewachung des geretteten Mobiliars zu sorgen. Das Material ist dezentral in 41 Löschgerätschaftsmagazinen untergebracht. Vor der Anschaffung des Elektromobils im Jahr 1908 werden alle Fahrzeuge von Hand oder von Pferden gezogen!

1 | Gerberngasse 35–41. Das Löschgerätschaftsmagazin befindet sich im Holzanbau ganz links im Bild.
BBB: FN. G. E. 36
2 | Brandkorps der Stadt Bern
Archiv der Berufsfeuerwehr Bern: Album 145, Bl. 1
3 | Kader der Sicherheitskompanie, Mai 1909
SAB: SF A 02-03
4 | Spritze Nr. 7 im Altenberg
Archiv der Berufsfeuerwehr Bern: Album 145, Bl. 3
5 | Wasserbrenten
Archiv der Berufsfeuerwehr Bern: Album 145, Bl. 4
6 | Erstes Automobil der Feuerwehr Bern, mit Elektroantrieb (Bild vom 4. Mai 1908)! Es hat einen Motor mit 10 PS, eine Nutzlast von 2,3 Tonnen und ein Gesamtgewicht von 4 Tonnen. Es erreicht 25–27 Kilometer pro Stunde und kann Steigungen bis 15 Prozent bewältigen. Für seine Bedienung und Wartung wird der erste Berufsfeuerwehrmann von Bern, Adjutant Unteroffizier Ernst Schneider, angestellt (der Mann am Steuer).
Archiv der Berufsfeuerwehr Bern: Album 145, Bl. 5
7 | Feuerwehrleute beim Abräumen nach dem Brand vom 30. Juli 1904 an der Marktgasse 28
Archiv der Berufsfeuerwehr Bern: Album 1a, Bl. 16

Gerberngasse 41
An der Gerberngasse 41 befindet sich das Fischerstübli, eine Pintenwirtschaft eher zweifelhaften Rufs. Im ersten Jahrzehnt des 20. Jahrhunderts heisst der Wirt Kohler. Der Volksmund nennt deshalb das Fischerstübli auch «Kohlerenschlucht», weil man weiss, dass sich am Ausgang der Kohleren manchmal fahrendes Volk aufhält. Könnte es sein, dass man dort auch hin und wieder Stadtoriginale antrifft?

1 | Ein bekanntes Original ist um 1900 der «Kohlen-Eidam». Eigentlich heisst er Gottlieb Eidam; zu seinem Übernamen kommt er, weil er sich hin und wieder als Kohlenträger betätigt. Er kommt 1836 zur Welt und startet recht erfolgreich ins Leben. Nach dem Gymnasium beginnt er zu studieren. Finanzielle Engpässe in der Familie machen jedoch eine Fortsetzung des Studiums unmöglich, und er bringt sich mit Gelegenheits-

BILDERINDEX

arbeiten durch. Er lebt als Clochard und dient den Eltern als Kinderschreck. Offenbar ist er meist übel gelaunt, misstrauisch und bissig. Sein verschmutztes Äusseres ist legendär. Als ihm jemand eine Seife schenken wollte, soll er erklärt haben, seine Haut ertrage Seife und Wasser nicht. Am 29. Mai 1909 geht sein Leben als «Pflastertreter», wie ihn das Berner Taschenbuch nennt, im Burgerspital zu Ende. Man sagt, die Sauberkeit dort habe ihn umgebracht.
BBB: FP. D. 545

2 Diese Fotografie von 1892 zeigt die zwei Stadtoriginale «Eckensteher Aebersold» (rechts) und «Grännischnyder» Schneider aus Märchligen (links). Schneider wird so genannt, weil er an verschiedenen «Gränneten» (Wettbewerbe im Grimassenschneiden) gewonnen hat. Leider ist über die beiden nichts weiter bekannt.
BBB: FN. G. B. 54

3 Anekdote
Erzählt von J. Harald Wäber

Gerechtigkeitsgasse

1 Leben in der Gerechtigkeitsgasse. Im Hintergrund ein Lufttram, das für Chocolat Suchard und Rooschüz-Waffeln wirbt.
BBB: FP. E. 156

2 Kinder am Gerechtigkeitsbrunnen. Was heute mit Wohnstrassen wieder versucht wird, war im 19. Jahrhundert Alltag: Die Kinder spielen auf der Strasse.
BBB: FP. C. 484

Gerechtigkeitsgasse 40
Marcuard-Haus. Es befindet sich von 1846 bis 1971 im Besitz der Familie Marcuard.

Gerechtigkeitsgasse 42

1 Dieses Gebäude kennt man auch unter dem Namen Jenner-Haus, benannt nach dem einstigen Besitzer Niklaus Jenner (1703–1753).
BBB: FA von Fischer, Graphik IV, Umschlag «Stadt Bern»

Gerechtigkeitsgasse 60
Im Zeitalter vor dem Tumbler ist man auf die Sonne angewiesen, um die Wäsche zu trocknen. Das gibt der Stadt ein Aussehen, das uns heute nicht mehr geläufig ist. Alte Fotos legen jedoch Zeugnis davon ab, dass in Bern auch früher saubere Wäsche gefragt war.

1 Metzgerschürzen im Metzgerngässchen
BBB: FN. K. A. 940, Nr. 41

2 Wäsche im Vorgarten zum Haus Nydegghöfli 47
BBB: AK. 1146

3 Wäsche an der Grabenpromenade, die zur Zeit des Panoramas noch nicht durch eine Brücke mit

BILDERINDEX

	dem Altenberg verbunden ist BBB: FP. F. 66
4	Wäsche des Bernerhofs vor dem Bundeshaus West BBB: FP. C. 119

Gerechtigkeitsgasse 60
1860 stirbt Julie von Jenner (1787–1860), die testamentarisch ihr ganzes Vermögen für die Stiftung eines Kinderspitals bestimmt. Es beträgt nach Rechnung des Testamentsvollstreckers Fr. 379 553.25, wobei die zwei darin enthaltenen Liegenschaften unter dem Verkaufswert aufgeführt sind. Das ist für damalige Verhältnisse eine recht grosse Summe. Das Spital wird im Haus Gerechtigkeitsgasse 60 eingerichtet, das zum Nachlass Julie von Jenners gehört. Dort bleibt es bis zum Bezug des neuen Gebäudes an der Freiburgstrasse 23 im Jahr 1902.

Gerechtigkeitsgasse 62
Zusammen mit dem Kornhauskeller ist der Klötzlikeller die einzige heute noch betriebene Kellerwirtschaft in Bern, die schon vor 1900 existiert.

1	Das Innere des Klötzlikellers. Die alte Dame ist Elisabeth Klötzli, Wirtin von 1908 bis 1916. BBB: FN. G. D. 77

Grabenpromenade

1	Geschirrmarkt an der Grabenpromenade BBB: FN. G. B. 49

Grosse Schanze

1	1903 kann die Universität das neue Hauptgebäude auf der Grossen Schanze beziehen. Die Ansichtskarte zeigt das Gebäude kurz nach der Einweihung des Hallerdenkmals 1908. Dieses steht damals und bis zum Bau der Parkterrasse noch im Zentrum der Anlage; 1967 wird es am heutigen Standort aufgestellt. BBB: GE. A. 6, Bl. 5

Grosse Schanze

1	Schlittschuhläufer auf der Grossen Schanze BBB: FP. D. 126
2	Frauen mit Kindern auf der Grossen Schanze. Aufnahme vom 9. Dezember 1894 BBB: FN. G. C. 343

Grosser Muristalden 1

1	Im nordöstlichen Pavillon der Nydeggbrücke (linkes Brückenende, vorderer Pavillon) befindet sich 1894 ein städtischer Bezirkspolizeiposten. BBB: FN. G. C. 243

BILDERINDEX

Grosser Muristalden 6
Tramdepot. Hier starten die Lufttrams zum Bremgartenfriedhof. Die hier eingefüllte komprimierte Luft muss für Hin- und Rückfahrt reichen.

Gryphenhübeliweg 24
Besitzer der Häuser Gryphenhübeliweg 24 und 24a ist Konrad Ulrich Wille (1848–1925). Er studiert Jura, macht 1870/71 die Grenzbesetzung mit und wird Berufsoffizier. So durchläuft er auch die Ausbildung an einer preussischen Artillerieschiessschule. Von 1872 bis 1883 ist er als Artillerieinstruktor tätig, von 1883 bis 1891 ist er Oberinstruktor und Waffenchef der Kavallerie. Er führt verschiedene Armeereformen durch, für die er Preussen als Vorbild nimmt. Wegen Meinungsverschiedenheiten mit Bundesrat Emil Frey (1838–1922) quittiert er 1896 den Dienst. In Zürich kandidiert er 1896 erfolglos als Stadt- und Nationalrat. 1900 kehrt er in den Armeedienst zurück und wird 1904 Kommandant des 3. Armeekorps. 1912 leitet er die Kaisermanöver, und 1914 wird er zum General ernannt. 1918 plädiert er für Härte gegenüber den Teilnehmern des Landesstreiks.

1 | Ulrich Wille: Porträt auf einer zeitgenössischen Ansichtskarte
StAB: T.B. 818.4

Gurten

1 | Gurten: Plateau 1896
SAB: SF SVB G 02

Gurten

1 | Gurten: Wirtschaft, noch ohne Gartenwirtschaft
SAB: SF SVB G 04/02

Gurten-Brauerei
1864 erhält Johann Juker die Bewilligung zum Betrieb einer Brauerei in Wabern. 1937 beginnt die Fabrikation von alkoholfreiem Bier. 1969 kauft die Brauerei Gurten die Brauerei Gassner, wird aber ihrerseits ein Jahr später von Feldschlösschen übernommen. 1997 verlagert Feldschlösschen die Produktion nach Rheinfelden, 2001 in die Brauerei Cardinal in Freiburg.

1 | Eisgenerator
© Feldschlösschen Getränke AG, Rheinfelden
2 | Fassfüllapparat
© Feldschlösschen Getränke AG, Rheinfelden
3 | Lagerkeller
© Feldschlösschen Getränke AG, Rheinfelden
4 | Sudhaus
© Feldschlösschen Getränke AG, Rheinfelden
5 | Sudhaus
© Feldschlösschen Getränke AG, Rheinfelden
6 | Felsenkeller
© Feldschlösschen Getränke AG, Rheinfelden
7 | Gesamtansicht
© Feldschlösschen Getränke AG, Rheinfelden
8 | Belegschaft
© Feldschlösschen Getränke AG, Rheinfelden
9 | Felsenkeller
© Feldschlösschen Getränke AG, Rheinfelden
10 | Teilansicht
© Feldschlösschen Getränke AG, Rheinfelden

BILDERINDEX

Habstetten

Die Steinbrecherei in der Stockeren muss zu Anfang des 18. Jahrhunderts begonnen haben. In den Baurechnungen der Stadt Bern tauchen 1708 zum ersten Mal Ausgaben für Stockeren-Sandstein auf. Er ist offenbar von sehr guter Qualität und allgemein geschätzt. Bis 1818 ist der Steinbruch Privatbesitz und wird von den Steinbrechern auf eigene Rechnung betrieben. Dann kauft ihn der Kanton, übernimmt aber die bisherigen Steinbrecher, die auch weiterhin für Private arbeiten dürfen – nun müssen sie allerdings einen kleinen Teil der Einnahmen abliefern. Der Betrieb rentiert kaum. Gewinnt man den Stein zuerst im Tagbau, so beginnt man 1863 mit dem unterirdischen Abbau. Die erste grosse Kaverne, die in den Berg getrieben wird, geht 50 Meter in die Tiefe und ist im Mittel 20 Meter hoch; der Inhalt beträgt um die 90 000 Kubikmeter. Am 6. August 1869 stürzt ein Teil der Felswand ein, die den Steinbruch begrenzt. Dabei sterben elf Arbeiter. In der zweiten Hälfte des 19. Jahrhunderts bekommt der staatliche Steinbruch (Stockeren I) Konkurrenz: In der gleichen Gegend eröffnen Privatunternehmer 1842, 1870 und 1872 eigene Steinbrüche (Stockeren II). 1918 wird die Ausbeutung des staatlichen Steinbruchs aufgegeben. Auch die privaten Brüche stellen den Betrieb ein; seit 1949 wird ein Teil der Kavernen als Brennstofflager für Notzeiten verwendet.

1 | Die älteste Kaverne des Steinbruchs, nach Ende des Abbaus offensichtlich als Wohnung benutzt
BBB: FN. G. C. 736
2 | Stockeren-Steinbruch I. In der Ecke links der Bildmitte löste sich das Material, das elf Arbeiter unter sich begrub.
BBB: FN. G. C. 737
3 | Stockeren-Steinbruch I. In der Bildmitte ein Tretkran, der zum Heben der Blöcke dient.
StAB: T. B. 611
4 | Stockeren-Steinbruch I. Im Vordergrund ein Pferdefuhrwerk
StAB: T. B. 612

Helvetiaplatz 5

1 | Bau des Museums. Den Arbeitern stehen noch keine Baumaschinen zur Verfügung; Bauen ist Handarbeit!
BBB: FP. D. 407

Helvetiaplatz 5

In den Jahren 1892–1894 entsteht am Helvetiaplatz das Historische Museum. Zuerst als Landesmuseum konzipiert, wird es zum Bernischen Historischen Museum «umgewidmet», nachdem Zürich den Zuschlag für das Landesmuseum erhalten hat. Am Eingang zum Museum stehen zwei Bären des Bildhauers Franz Abart (1769–1863), die ursprünglich das Murtentor flankierten. 1881 werden sie ans Aarbergertor versetzt, nach Vollendung des Historischen Museums an ihren heutigen Standort.

1 | Ausstellung
BBB: AK. 928
2 | Ausstellung
BBB: FP. E. 531
3 | Ausstellung
BBB: FP. E. 538
4 | Die Bären von Franz Abart am Murtentor (westlicher Stadtausgang, beim Hirschengraben)
BBB: FP. D. 109
5 | Die Bären am Aarbergertor (nördlicher Stadtausgang, beim Westende der Speichergasse)
BBB: Neg. 11 942
6 | Hörszene: Dem Entscheid des eidgenössischen Parlamentes, den Sitz des Landesmuseums nach Zürich zu vergeben, ging ein langer politischer Kampf voraus.

Text: Andreas Thiel

BILDERINDEX

Helvetiaplatz/Schwellenmattstrasse

1 Diorama der Gebrüder Heiniger. Dioramen sind Schaubühnen in einem dunklen Raum. Sie bestehen aus lichtdurchlässigem, zweiseitig bemaltem Stoff, auf dem je nach Beleuchtung die Vorder- oder die Rückseite hervortreten. So können beispielsweise Bewegung oder verschiedene Tages- oder Jahreszeiten simuliert werden.
BBB: FP. C. 501

Herrengasse 36
Dies ist im 19. Jahrhundert das Haus des Rektors der Hochschule, bis 1886 die Musikschule (das heutige Konservatorium) dort einzieht. Sie bleibt nur bis 1895, worauf der Guttempler-Orden das Haus bis 1907 besitzt. Dann erwirbt es der Kaufmännische Verein und lässt es umbauen. Am 14. August 1909 kann er es beziehen.

1 Zustand vor dem Umbau durch den Kaufmännischen Verein. Das Café zum Klosterhof gehört dem Orden der Guttempler, der in diesem Gebäude die Berna-Loge Nr. III eingerichtet hat. Die Abkürzung links und rechts des Lokalnamens bedeutet «Internationaler Orden der Guttempler».
BBB: Kp. IV. 277, S. 74
2 Zustand nach dem Umbau von 1909
BBB: FN. G. E. 107

Herrengasse 38
Die Lateinschule wird an der Stelle der alten Barfüsserkirche errichtet und kann 1581 bezogen werden. Sie bereitet die Schüler auf den Besuch der Hohen Schule vor. 1777 wird die Anstalt in ein Gymnasium und eine Kunstschule aufgeteilt, bleibt aber vorläufig am bisherigen Standort. Das Erscheinungsbild, das auf den Abbildungen des 19. Jahrhunderts zu sehen ist, erhält die Lateinschule mit der Renovation von 1770 bis 1778. Im Zusammenhang mit der Neugestaltung der oberen Herrengasse wird das Gebäude 1906 abgebrochen.

1 Gebäude mit Schülern
BBB: FP. G. 63
2 Westseite
BBB: FP. G. 62

Hirschenpark
Im Dreieck zwischen Tiefenaustrasse, Neubrückstrasse und Wildparkstrasse befindet sich von 1876 bis 1937 der Hirschenpark. Dies ist aber nur eine von mehreren Stationen, an der die Hirsche auf ihrer Wanderung durch das Stadtbild Halt machen. Vom 16. Jahrhundert bis 1634 leben sie im Kleinen Hirschengraben, von 1634 bis 1876 im heute noch so genannten Hirschengraben, und nach dem Intermezzo an der Engehalde werden sie ins Dählhölzli umgesiedelt, wo sie die lange Tradition in Bern lebender Hirsche bis heute fortsetzen. In der Frühen Neuzeit ist das Füttern der Hirsche die Aufgabe der städtischen Weibel.

1 Blick von Nordosten auf den Hirschenpark. Im Hintergrund der noch unvollendete Münsterturm, was das Bild in die Zeit vor 1891 datiert.
BBB: FN. G. E. 274
2 Hirschenpark
BBB: FP. D. 427
3 So sieht die Anlage mit ihren Bewohnern aus. 1895 befinden sich im Hirschenpark 13 Edelhirsche, 18 Damhirsche, 5 Haidschnucken (Schafe der Lüneburger Heide) und 1 Gemse.
BBB: FP. E. 183
4 Der winterliche Hirschenpark
BBB: PW. 213, Nr. 53

BILDERINDEX

5 Ausschnitt aus dem Stadtplan von Plepp/Merian (1635). Der Kleine Hirschengraben befindet sich vom 16. Jahrhundert bis 1634 vor dem Südteil der vierten Stadtbefestigung, im Gebiet der heutigen Christoffelgasse. F = Christoffelturm (bekannt als Loebegge), G = alte Heiliggeistkirche
BBB: Mül. S. 108, S. 24/25

6 Die Situation der heute noch als Hirschengraben bezeichneten Heimat der Hirsche, wo sie von 1634 bis 1876 gehalten werden. Abgebildet ist eine Ansicht aus der Zeit vor 1807, noch mit dem alten Stadttor. Von hier aus ziehen die Hirsche an die Tiefenaustrasse.
BBB: Gr. C. 614

Hirschenpark

○ **1** Hirsch: Zeichnung eines Waldau-Patienten
PMB: Sammlung Morgenthaler, Inv. Nr. 3349

Holligenstrasse 13–21

Die Fabrik auf dem Gelände der heutigen Schwarztorstrasse 120–124 (früher: Holligenstrasse 13–21) hat eine lange Tradition. Ursprünglich standen am Ober-Sulgenbach eine Mühle, eine Stampfe, eine Schleife, ein Kupferhammer, einige Sägen und eine Reibe. Da wegen unregelmässiger Wasserführung die Mühle verlegt werden muss, werden die Gebäude am Ende des 17. Jahrhunderts zu einer Walke, Bleicherei und Färberei umgenutzt. 1731 entsteht eine Indiennefabrik, 1787 wird diese aufgegeben, und der damalige Besitzer betreibt eine Blaufärberei. In der ersten Hälfte des 19. Jahrhunderts wird wieder eine Indiennefabrik, dann eine Seidenspinnerei eingerichtet. Seit 1861 besitzt J. Friedli, ein Händler, die Fabrik. Er lässt dort Uhrzeiger herstellen, dazu kommen eine Wäscherei und ein Appreturgeschäft. Sein Nachfolger richtet eine Maschinenbauanstalt ein. Das Areal wird in den 1940er-Jahren mit Wohnungen überbaut.

○ **1** Blick über die Holligen-Fabrik zum Inselareal im Jahr 1896
BBB: FP. E. 605

2 Das Gelände der Holligen-Fabrik im Jahr 2007
Bild: Martin Mühlethaler

3 Federzeichnung der Holligen-Fabrik von 1856
BBB: Gr. B. 405

Holligenstrasse 44

Von den verschiedenen mittelalterlichen Bauphasen ist heute nichts mehr sichtbar. Das Schloss gehört im 13. Jahrhundert dem Deutschordenshaus Köniz. Der Wohnturm wird um 1470 für Niklaus II. von Diesbach (1430–1475) errichtet. Der westliche Anbau stammt aus dem 16. Jahrhundert. Beide Teile werden mehrfach umgebaut. Das Schloss befindet sich in Privatbesitz; es enthält Wohnungen und Räume für Ausstellungen und Veranstaltungen. Gemäss Bauinventar der Stadt Bern ist es «sowohl aus allgemein-, architektur- und kunstgeschichtlicher Sicht sehr wertvoll».

● **1** Schloss Holligen 1882–1884. Bleistiftzeichnung von Gustav von Steiger (1867–1935)
BBB: Neg. 11 956

BILDERINDEX

Hotelgasse 10

⦿ 1 | Das Hôtel de Musique geht darauf zurück, dass der Berner Oberschicht ein auch im Winter offenes Haus für Empfänge, Theater, Feste und Konzerte fehlte. Der Rat bewilligt 1767 den Bau des Hauses, allerdings unter der Bedingung, dass darin keine Theaterbühne gebaut werde. Ein Konsortium begüterter Patrizier gründet zwecks Bau und Betrieb des Hôtel de Musique die älteste heute noch bestehende Aktiengesellschaft Berns. Trotz Verbot lassen sie auch eine Bühne einbauen, in der Hoffnung, der Betrieb werde doch noch erlaubt. 1770 wird das Haus eröffnet, allerdings ohne Erlaubnis für Theateraufführungen. Erst nach dem Sturz des Patriziats 1798 finden solche statt. 1836–1839 wird der Theatersaal renoviert; er erhält eine Orchestertribüne, ein versenktes Stehparterre und leicht ansteigende Sperrsitze. Das Hôtel de Musique dient nun das ganze 19. Jahrhundert hindurch als Vorläufer des heutigen Stadttheaters, das 1903 am Kornhausplatz eröffnet wird. Das Innere des Hôtel de Musique wird durch den Umbau 1904/05 stark umgestaltet, was auch das Ende der Theaterbühne bedeutet. Innenansichten aus der Zeit vor dem Umbau haben sich nicht erhalten; einzig einige Grundrisspläne existieren noch.
BBB: FA von Fischer, Graphik IV, Umschlag «Stadt Bern»

2 | Anekdote
Erzählt von J. Harald Wäber

Inselareal

Das Inselspital befindet sich bis 1884 im 1888 abgerissenen Gebäude an der Stelle des heutigen Bundeshauses Ost. Auf der Kreuzmatte baut der Kanton von 1881 bis 1884 das neue Inselspital, das seine Entstehung unter anderem dem unermüdlichen Wirken Theodor Kochers zu verdanken hat. 1891 kann das neue Ausserkrankenhaus bezogen werden, das der Aufnahme von Haut- und Geschlechtskranken sowie von unheilbar Kranken dient. Emil Theodor Kocher (1841–1917) ist die dominierende Figur unter den Berner Medizinern im letzten Viertel des 19. und zu Beginn des 20. Jahrhunderts. 1867 habilitiert er sich in Bern, und 1872 bewirbt er sich um das Ordinariat für Chirurgie. Gegen den Willen der Fakultät, aber mit Unterstützung durch Studenten, Kollegen und Presse wird er vom Regierungsrat gewählt. Nebst seinen Forschungen beschäftigt ihn vor allem der Kampf für den Neubau des Inselspitals, der dringend nötig geworden ist. Bis er aber die Regierung davon überzeugt hat, dauert es Jahre. 1909 erhält er in Anerkennung seiner Beiträge zur Physiologie,

⦿ 1 | Blick in ein Laboratorium des neuen Inselspitals
BBB: FP. E. 596

2 | Krankensaal im zweiten Stock der medizinischen Klinik
BBB: FP. E. 595

3 | Inselspital, Ausbildung (?) des Personals
IMG: N Theodor Kocher, Bilder (2)

4 | Ärzte beim Operieren
IMG: N Theodor Kocher, Bilder (2)

5 | Anstelle eines Porträts von Theodor Kocher, dessen Äusseres man ja kennt, sei hier ein Blick in sein Inneres gezeigt: Das Röntgenbild seiner Hand vom 26. Februar 1896 dürfte eine der frühesten Röntgenaufnahmen sein, die in Bern entstanden sind. Unterschrieben ist das Bild von Professor Aimé Forster (1843–1926), der die Röntgentechnik in Bern eingeführt hat.
IMG: N Theodor Kocher, Bilder (2)

Pathologie und Chirurgie der Schilddrüse den Nobelpreis für Medizin. Als einem der ersten Anwender antiseptischer Operationstechnik und Wundheilung gelingt es ihm, die Sterblichkeit bei Operationen stark zu senken. Er vervollkommnet auch die Narkosemethoden und die Technik zur Blutstillung während der Operationen.

Inselgasse 3
Das alte Hotel Bellevue entsteht 1864–1866. Der heutige Bau wird 1910–1912 erstellt, wobei das Hotel auch den bisherigen Platz der Münze belegt.

6 | Der bekannte Maler und Heraldiker Christian Bühler (1825–1898) ist 1878 auch für Theodor Kocher tätig. Kocher lässt sich 1877 bei Mittellöwen einbürgern. Aus diesem Anlass entsteht das Familienwappen. Das Bild trägt auf der Rückseite den Vermerk: «Wappen des Herrn Professor Kocher. Von der Burgercommission gutgeheissen, und an Herrn Burgerschreiber von Ougspurger überwiesen. Bern 11ten. 8ber. 1878».
BBB: gerahmte Bilder

7 | Die «Hochschul-Nummer» des Grünen Heinrichs bringt eine ganze Reihe von nicht besonders schmeichelhaften Karikaturen von Professoren in Bern und Basel, ohne jedoch auf konkrete Ereignisse Bezug zu nehmen. Dazu finden sich einige satirische Artikel und Spottgedichte. Die Karikatur Theodor Kochers steht ohne Kommentar und dürfte eine nur von wenigen geteilte Sicht auf den berühmten Arzt darstellen.
IMG: N Theodor Kocher, Bilder (2)
Karikatur aus: «Der Grüne Heinrich» 1907, Nr. 11, S. 144

8 | Hörtext: Dass auch ein Spitzenvertreter der Medizin der Natur gelegentlich machtlos gegenüberstand, zeigt folgender Brief Kochers an Professor Otto Haab (1850–1931) in Zürich.
Aus: Tröhler, Ulrich: Der Nobelpreisträger Theodor Kocher, 1841-1917: auf dem Weg zur physiologischen Chirurgie. Basel; Boston; Stuttgart 1984, S. 191

1 | Bellevue: Speisesaal
BBB: Fl Hotel Bellevue Palace AG 60 (9)
2 | Altes Bellevue: Garten; ganz rechts die Münze
BBB: Fl Hotel Bellevue Palace AG 60 (9)
3 | Südansicht heute, nach dem Umbau
BBB: FP. E. 153

BILDERINDEX

Inselgasse 5

Im später so genannten Hallerhaus verbringt der Universalgelehrte Albrecht von Haller von 1775 bis 1777 seine zwei letzten Lebensjahre. Rund 100 Jahre später zieht das Statistische Amt der Eidgenossenschaft ein. Hier werden die Statistiken für die ganze Schweiz erstellt. Sie belehren uns unter anderem darüber, dass es 1894 im Kanton Bern doppelt so viele Tanzsäle gibt wie im Kanton St. Gallen mit der zweithöchsten Anzahl. Gleichzeitig gibt es nur im Kanton St. Gallen mehr Brauereien als im Kanton Bern. Es sei dem Leser überlassen, seine Schlüsse daraus zu ziehen.

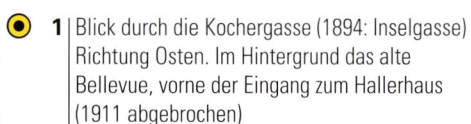

1 | Blick durch die Kochergasse (1894: Inselgasse) Richtung Osten. Im Hintergrund das alte Bellevue, vorne der Eingang zum Hallerhaus (1911 abgebrochen)
BBB: Kp. IV. 277, S. 24

2 | Enthüllung des Denkmals für den berühmten Bewohner des Hallerhauses (1908). Es steht auf der Grossen Schanze vor dem Hauptgebäude der Universität.
BBB: FP. D. 5

3 | Aussicht vom Hallerhaus, wie sie Albrecht von Haller genoss.
BBB: Gr. D. 58

4 | Statistik der Kirchen und Kapellen, Schulhäuser, Tanzsäle, Gasthäuser, Fremdenhotels und Pensionen sowie Zahl der Betten in den drei Letzteren
Statistisches Jahrbuch der Schweiz, 1895, S. 408

5 | Die Brauereibetriebe der Schweiz im Jahre 1894, verglichen mit 1893, 1892 und 1891
Statistisches Jahrbuch der Schweiz, 1895, S. 156

Inselgasse 9

Das Bundeshaus Ost entsteht 1888–1892 am Platz des alten Inselspitals. Es beherbergt zu Beginn vor allem die Militärverwaltung.

1 | Blick vom Historischen Museum nach Norden. Im Vordergrund das Restaurant Du Pont, im Zentrum das Bundeshaus Ost. Rechts daneben das alte Bellevue, links davon zwischen den Bäumen das alte Casino
BBB: FP. E. 232

2 | Das alte Inselspital
BBB: FP. D. 226

3 | Im Innern des alten Inselspitals
BBB: FP. D. 231

Inselgasse 10

1 | In der Bildmitte (mit Plakatwand) befindet sich das Gebäude Inselgässchen 9; rechts daneben, nach dem Torbogen, das Archiv der Gerichtsschreiberei (Inselgasse 10). Noch weiter rechts ist der Eingang zum Hof der Villa Marcuard mit einem Teil der Villa und ganz am rechten Bildrand einer Ecke des Bundeshauses Ost zu sehen.
BBB: FP. C. 433

Inselgasse 14

1 | Staatsapotheke. Dort werden unter anderem die Medikamente für die Poliklinik der Insel hergestellt. [*Abbildung siehe Inselgasse 16*]

BILDERINDEX

Inselgasse 15
1820/21 entsteht an dieser Stelle das alte Casino. Es befindet sich seit 1832 im Besitz der Stadt. Von 1848 bis 1858 dient es als Sitz des Nationalrates. 1895 wird es abgebrochen, um dem Parlamentsgebäude Platz zu machen.

○ 1 | Das alte Casino, dahinter ist ganz links bereits das Bundeshaus Ost sichtbar. Rechts im Hintergrund ein Teil des Historischen Museums
BBB: FP. E. 147

2 | Abbruch des alten Casinos, aus dem Bundeshaus Ost fotografiert. Am linken Bildrand ein Teil des Bundeshauses West
BBB: FP. D. 224

Inselgasse 15

◉ 1 | Hier im alten Casino hält Meta von Salis (1855–1929), auf dem Bild rechts, 1894 ihre Rede zum Frauenstimmrecht. Sie stammt aus Graubünden. Nach der Schule und einer Ausbildung im Rorschacher Institut Bäumlistorkel (das sie als «Hausfrauen-Züchtungs-Anstalt» bezeichnet) arbeitet sie als Erzieherin in Privatfamilien, vor allem im Ausland (Deutschland, Irland, Italien). 1883 beginnt sie ein Geschichtsstudium an der Universität Zürich, das sie mit dem Doktortitel abschliesst. Danach führt sie ihren Kampf für die Besserstellung der Frauen. Sie tritt bewusst keiner Partei bei. Um für ihre Anliegen zu werben, schreibt sie Artikel und hält Vorträge. Dass Frauen zu jener Zeit öffentlich auftreten, ist sehr aussergewöhnlich. Hier in Bern begegnet sie auch ihrer Kampfgenossin Helene von Mülinen (1850–1924). Ihr Berner Vortrag wird in der Presse abschätzig kommentiert.
Öffentliche Bibliothek der Universität Basel, Nachlass Meta von Salis

2 | Hörtext: Die Rede von Meta von Salis zum Frauenstimmrecht war für die damalige Männerwelt eine Provokation.
Text: Andreas Thiel

Inselgasse 16

○ 1 | Gebäude der Freimaurerloge (Inselgasse 16, Vordergrund), das grössere Gebäude dahinter ist die Staatsapotheke (Inselgasse 14).
BBB: FP. D. 128

Jungfraustrasse
Der Warentransport auf der Strasse erfolgt in den Neunzigerjahren noch ausschliesslich mit Fuhrwerken, die von Mensch oder Tier gezogen werden.

◉ 1 | Fuhrmann vor dem alten Polizeigebäude (heute Casinoplatz)
BBB: FPa. 1, S. 2, Nr. 1

2 | Fuhrwerk auf dem Waisenhausplatz
BBB: Mss.h.h. LII. 136 (15)

3 | Strassenszene in der Aarbergergasse
BBB: AK. 448

BILDERINDEX

Junkerngasse 3

An der Junkerngasse 3 lebt Cécile (eigentlich: Mathilde Sophia Cäcilia) von Rodt, zu ihrer Zeit eine berühmte Reiseschriftstellerin. Das kann sie wohl nur werden, weil sie ledig bleibt; eine Familie hätte ihr Pflichten auferlegt, die dieser Berufung keinen Raum gelassen hätten. 1855 in Bern geboren, erlebt sie eine nicht ganz konforme Kindheit: «Die bunten Schmetterlinge u[nd] Vögel, das ausgestopfte Faultier u[nd] besonders das originelle Gürteltier auf Vaters Bureau waren mir viel lieberes Spielzeug als die schönste Puppe. Nie wurde ich müde den Erzählungen meines Vaters zu lauschen, der 18 Jahre in Brasilien verlebte.» So schreibt sie es in ihrer kurzen Autobiographie. «Wilde Indianerspiele mit gleichaltrigen Jungen zog ich dem Umgang mit kleinen Mädchen vor u[nd] Cooper's Lederstrumpf, Robinson Crusoe u[nd] den Schweizer Robinson habe ich unzählige Male gelesen.» Als es jedoch an die Ausbildung geht, holen sie die Verhältnisse der Zeit wieder ein: «So war er [der Vater] willig einverstanden, dass ich mit Leidenschaft Latein u[nd] Griechisch betrieb. Ich konnte es damit mit jedem Studenten aufnehmen, hätte auch mit Leichtigkeit Maturität u[nd] ein Studium überwinden können, wenn dies zu meiner Zeit für ein Mädchen aus guter Familie zulässig gewesen wäre u[nd] mein Vater es gestattet hätte.» So bleibt ihr das Studium versagt. Immerhin kann sie ihren Vater auf Reisen durch Italien, Deutschland und Frankreich begleiten. «Als mein Vater leider im Jahr 1890 plötzlich starb, stand mir die Welt offen.» Ihre erste Reise führt sie von Marokko über Teneriffa, Madeira, Portugal und Spanien wieder nach Bern. Da sie auch Spanisch beherrscht, ist die Verständigung kein Problem. 1896 fährt sie nach Ägypten und den Nil hoch bis nach Nubien. Von dort geht es weiter über Palästina nach Beirut, Smyrna und Athen, wo sie als Zuschauerin die ersten Olympischen Spiele verfolgt. Nach ausgedehnten Ausflügen durch Griechenland kehrt sie über Konstantinopel, Budapest und Wien zurück. Noch in den Neunzigerjahren fährt sie nach Dalmatien, Montenegro, Herzegowina, Bosnien, Sizilien, Algerien und Tunis. Mit der Zeit werden die Reisen immer länger, und sie erkundet Kanada, Nord-, Mittel- und Südamerika, Hawaii, Australien und Tunesien. Ein Knieleiden zwingt sie nach 1910, auf weitere Reisen zu verzichten. Der Erste Weltkrieg bringt «eine über vier Jahre dauernde anstrengende Tätigkeit». Leider schreibt sie nicht, worin diese bestand. Danach meldet sich das Alter, und es macht ihr Mühe: «Ich fand mich schwer darein. Jetzt habe ich mich in mein farbloses, einsames Dasein geschickt.» Am 26. November 1929 stirbt sie.

4 | Milchfuhrmann mit Handwagen
BBB: AK. 353
5 | Schlitten auf dem Bubenbergplatz, 1907
BBB: AK. 390

1 | Porträt
BBB: FA von Rodt, Stammbuch von Rodt, S. 275
2 | Hörtext: Es scheint keinen Ort zu geben auf dieser Welt, an dem Cécile von Rodt nicht vorbeigekommen wäre. Ihre Reiseberichte sind ausführlich und fesselnd zugleich. Sie hören einen Ausschnitt aus ihren Aufzeichnungen über Kultur und Religion auf Hawaii.

Rodt, Cécile von: Reise einer Schweizerin um die Welt. Neuenburg 1903

BILDERINDEX

Junkerngasse 45
Der Besitzer und Bewohner des Hauses Junkerngasse 45 ist einer der bedeutendsten Architekten Berns um die Jahrhundertwende. Eduard von Rodt (1849–1926) macht eine Lehre bei Gottlieb Hebler (1817–1875) und lernt gleichzeitig Steinmetz in der Münsterbauhütte. Nach Studien in Deutschland und Italien lässt er sich 1872 in Bern nieder und entfaltet eine reiche Tätigkeit. Zu seinen Bauten gehören Waffenfabrik und Kaserne, Zieglerspital, Jenner-Kinderspital, Erweiterung der Stadtbibliothek und eine grosse Zahl von Villen, vor allem im Kirchenfeld (Marienstrasse 11, 16, 17, 19–23, 25–27, 29–31; Englische Anlagen 6–8; Florastrasse 15–25; Luisenstrasse 8, 10; Thunstrasse 55 und viele mehr). Dem Geschmack der Zeit entsprechend baut Eduard von Rodt oft historisierend in den Stilarten von Mittelalter bis Barock. Zudem ist er künstlerisch begabt und historisch interessiert. So ist er von 1881 bis 1894 Direktor des Historischen Museums, Direktionsmitglied des Kunstmuseums, Mitglied der eidgenössischen Kommission für Erhaltung schweizerischer Altertümer und der Aufsichtskommission des Historischen Museums (1892–1923). Dazu kommen zahlreiche Publikationen historischen Inhalts, die ihm 1917 den Ehrendoktor der Universität für seine Verdienste als Kulturhistoriker einbringen.

1 | Porträt Eduard von Rodts, gemalt 1893 von Robert von Steiger (1856–1941)
BHM: Inv. Nr. 36 993
2 | Karte mit Text und Wohnhaus Eduard von Rodts. Die Karte ist an «Herrn Dick. Lehrer der Lehrwerkstätten der Gemeinde Bern» gerichtet.
BBB: Depositum Agathon Aerni

Junkerngasse 47
Seit dem Mittelalter ist das Gebäude an der Stelle des Erlacherhofs das Sässhaus der Familie von Bubenberg. 1516 gelangt er an die Familie von Erlach, die ihm auch den heute gebräuchlichen Namen gibt. Mitte des 18. Jahrhunderts lässt ihn Hieronymus von Erlach (1667–1748) umbauen, wobei er die Gestalt erhält, die wir heute kennen. 1788–1821 gehört er verschiedenen Besitzern, bis ihn die Gemeinde kauft. In den Jahren 1811–1832 ist er Sitz der französischen Gesandtschaft, danach dient er der Stadtverwaltung. Von 1848 bis zum Bau des neuen Bundesratshauses (heute Bundeshaus West) 1857 sind die Bundesbehörden provisorisch dort untergebracht. Seither residiert die Stadtverwaltung darin.

1 | Blick in den Innenhof von Norden
BBB: FP. E. 500
2 | Portal von innen
BBB: Stumpf, Patrizier-Landsitze VII, Nr. 150a
3 | Nordfassade
BBB: Stumpf, Patrizier-Landsitze VII, Nr. 150

Jurastrasse 42

1 | Blick in eine Wohnung der Unterprivilegierten
SAB: SD XII, 145

Käfiggässchen 5
Büren-Besitzung. Besitzer: Albert Eugen von Büren (1817–1896). Sie bildet die Ecke Käfiggässchen/Amthausgasse. Heute trägt der Ort die Adresse Bundesplatz 4; es ist das Gebäude der Valiant-Bank.

1 | Ansicht von Süden
BBB: Kp. IV. 277, S. 28 unten
2 | Westeingang (Seite Käfiggässchen)
BBB: FP. D. 110
3 | Ansicht von Südwesten, mit Kutsche
BBB: Schachtel «Bern – Kopien»

BILDERINDEX

Käfiggässchen 34–36

◉ 1 | Bis zum Bau des Parlamentsgebäudes erstreckt sich das Käfiggässchen bis auf die Höhe der Kochergasse (damals Inselgasse). Sichtbar sind hier die zwei südlichsten Gebäude, die Nummern 34–36. Sie fallen später den Interessen der Blumenverkäufer und Marktfahrer zum Opfer.
BBB: FP. D. 215

Käfigturm
Der Turm in seiner heute sichtbaren Gestalt wurde 1641–1644 erbaut. Er dient bis 1897 als Gefängnis. Beim Umbau von 1902/03 entsteht der Durchgang südlich des Turms.

◉ 1 | Das Bild zeigt den Turm vor dem Bau des südlichen (hier: linken) Durchgangs.
BBB: FP. G. 55

Käfigturm
In den Jahren 1893/94 bewegt der so genannte «Käfigturmkrawall» die Stadt. Anlass ist die Konkurrenz italienischer Bauarbeiter auf dem Arbeitsmarkt. Diese arbeiten nicht nur zuverlässiger und geschickter als die Schweizer, sondern auch billiger. Ein Teil der Arbeiterschaft macht sie deshalb für ihre Arbeitslosigkeit verantwortlich und versucht, sie gewaltsam loszuwerden. Am 19. Juni 1893 ziehen rund 60 Männer ins Kirchenfeld und an die Schosshalde, um dort auf den Baustellen Italiener zu verprügeln. Die Polizei kann erst nach einiger Zeit wirksam eingreifen, und sie verhaftet eine Anzahl Arbeiter, darunter einen Unschuldigen. Diese werden im Käfigturm eingesperrt. Am Abend des gleichen Tages versuchen aufgebrachte Arbeiter, ihre gefangenen Kollegen aus dem Käfigturm zu befreien. Die Polizei drängt die Angreifer mit gezogenem Säbel zurück. Im Lauf des Abends strömen immer mehr Leute zusammen, und es entwickeln sich regelrechte Strassenschlachten, wobei auf beiden Seiten scharf geschossen wird. Die Stadtregierung bittet beim eidgenössischen Militärdepartement um den Einsatz von Soldaten. Diese treffen um Mitternacht von Thun her ein. Ihr Erscheinen bewirkt ein schnelles Ende der Krawalle. Eine der Konsequenzen des Krawalls ist, dass der Regierungsrat das Tragen der roten Fahne verbietet, obwohl diese am Krawall gar nicht verwendet wurde. 1894 findet der Prozess statt; Gerichtslokal ist die alte Hochschule. Es gibt 78 Angeklagte, von denen 12 freigesprochen werden. Das Gericht spricht harte Strafen aus; die höchsten Strafen bewegen sich zwischen 12 und 18 Monaten Zuchthaus.

◉ 1 | Käfigturmkrawall: Strassenkampf in der Marktgasse am 19. Juni 1893
BHM: Inv. Nr. 51 445, Neg. Nr. 12 209

2 | Hörtext: Der Käfigturmkrawall gibt an Berns Stammtischen viel zu reden.
Text: Andreas Thiel

Kesslergasse 32

◉ 1 | Das May-Haus an der Münstergasse 62 (damals Kesslergasse) von 1515 ist das älteste klar datierte aller bestehenden Bürgerhäuser, und es ist das wichtigste der noch erhaltenen Wohnbauten aus vorreformatorischer Zeit. Die Hauptelemente der Anlage bestehen trotz einiger Umbauten bis

BILDERINDEX

heute. Der Erker besass ursprünglich einen Spitzhelm. Dieser wird um 1840 durch ein Kegeldach ersetzt. Erst 1895 erhält der Erker ein drittes Geschoss und wieder einen Spitzhelm. Das Bild zeigt den Zustand von 1894.
BBB: FA von Rodt, Schachtel «Archiv von Rodt, Stadtansichten Bern». Lichtdruck Brunner & Hauser, Zürich. Aufnahme Hermann Völlger. o.J.

Kesslergasse 41
Durch den Umbau der damaligen Ankenwaag, deren Obergeschosse auch als Kornhaus dienen, kann die Stadtbibliothek 1794 das Domizil beziehen, das ihre Nachfolgeinstitutionen Burgerbibliothek und Universitätsbibliothek noch heute benutzen. Sie war vorher im Westflügel des Barfüsserklosters (der nachmaligen Hohen Schule) untergebracht gewesen. Die Lauben vor dem Gebäude werden aber nach wie vor als Markthalle benutzt. 1860–1863 erhält das Hauptgebäude einen Ostflügel, der 1906/07 noch einmal erweitert wird. Nach dem Abbruch der Lateinschule und der Bibliotheksgalerie wird auch am Westende ein Flügel angebaut, so dass das Gebäude ab 1905 seine heutige Gestalt erhält.

1 | Stadtbibliothek: Schultheissensaal
BBB: FP. F. 12

2 | Der Lesesaal der heutigen Burgerbibliothek Bern anlässlich der Ausstellung zu Albrecht von Haller 1877
BBB: FP. F. 63

3 | Was schreibt und liest man 1894 in Bern? Das Buch von Emanuel Lüthi (1843–1924) über die Sozialdemokraten in der Französischen Revolution, das 1894 in Bern erscheint, ist nur eines von Hunderten von Beispielen. Wer mehr wissen möchte, kann sich auch heute noch die Anschaffungslisten der Universitätsbibliothek ansehen. Der hier gezeigte Titel ist Programm: 1894 wird über die Initiative «Recht auf Arbeit» der Sozialdemokraten abgestimmt.
UBZB: H. XXII. 270 (2)

Kesslergasse 41

1 | Fleischmarkt unter den Lauben der Stadtbibliothek
BBB: Mss.h.h. LII. 136 (16)

Kesslergasse 44

1 | Im Haus an der Münstergasse 74 (damals Kesslergasse) befindet sich 1894 die Bäckerei Rohr.
SAB: SD XII, 124

Kesslergasse 48

1 | Unser Fotograf Hermann Völlger dürfte eine ganze Anzahl Wirte erlebt haben, die das heute Harmonie genannte Restaurant betrieben. Von 1888 bis 1892 wirtet Emil Althaus im Café Althaus; danach übernimmt bis 1895 Conrad Vollert aus Düsseldorf die Harmonie, und folgerichtig wird daraus das Café Vollert. Sein Nachfolger Jost Wirz kauft das Haus und führt den Betrieb bis 1901 weiter, nun wieder unter dem Namen Harmonie.
Adressbuch 1895/96, S. 57

BILDERINDEX

Kirchenfeld

Nach dem Bau der Kirchenfeldbrücke und vor der Überbauung eignet sich das Kirchenfeld ausgezeichnet als Festplatz. Es bietet Tausenden Platz für das Eidgenössische Schützenfest 1885, das Jubiläum zur Gründung der Stadt Bern 1891 und das Eidgenössische Sängerfest 1899. Nicht von ungefähr gibt es in dieser Gegend die Jubiläumsstrasse. Bezeichnenderweise ist der erste dauerhafte Bau auf der andern Seite der Brücke ein Restaurant, das Du Pont.

○ 1 | Eidgenössisches Schützenfest 1885, Gesamtanlage
BBB: FP. F. 96

2 | Eidgenössisches Schützenfest 1885, Festpavillon
BBB: FP. D. 6

3 | Gründungsjubiläum 1891, Festkarte
BBB: Gr. A. 110

4 | Gründungsjubiläum 1891, Festspiel auf dem Kirchenfeld
BBB: FP. E. 18

5 | Gründungsjubiläum 1891, Umzug auf dem Kornhausplatz
BBB: FP. E. 22

6 | Gründungsjubiläum 1891, Umzug vor der Hauptwache («Zeit des Laupenkrieges»)
BBB: Mssh.h. XVII. 302 (8), Bl. 5

7 | Gründungsjubiläum 1891, Umzug vor der Hauptwache («Wagen der Uhrenindustrie»)
BBB: Mssh.h. XVII. 302 (8), Bl. 14

8 | Gründungsjubiläum 1891, musikalische Ausschnitte aus dem Festspiel
Carl Munzinger (1842–1911): Dramatisches Festspiel. Chor und Orchester des Gymnasiums Neufeld. © Gymnasium Neufeld

9 | Eidgenössisches Sängerfest 1899, Festhalle
BBB: FN. G. C. 585

10 | Eidgenössisches Sängerfest 1899, Festhalle
BBB: FN. G. C. 586

Kirchenfeldbrücke

⊙ 1 | Bau der Brücke
BBB: FP. G. 104

2 | Bau der Brücke
BBB: FP. G. 106

3 | Bau der Brücke
BBB: FP. G. 111

4 | Bau der Brücke
BBB: FP. G. 116

5 | Fähre unter der Kirchenfeldbrücke. Bis zum Bau von Dalmazi- und Kirchenfeldbrücke ist die Fähre die einzige Möglichkeit, die Aare oberhalb der Schwelle zu überqueren.
BBB: FP. G. 105

Kirchenfeldbrücke

● 1 | Wegen des Ausbaus auf zwei Tramspuren müssen die Pfeiler der Kirchenfeldbrücke 1913 mit Beton verstärkt werden.
BBB: AK. 963

2 | Neubauprojekt von 1955
BBB: FP. D. 453

BILDERINDEX

Kleiner Muristalden 26
Der Besitzer dieses Hauses ist Josef Viktor Widmann (1842–1911), Dichter und scharfzüngiger Journalist. Im Baselbiet aufgewachsen, studiert er in Basel, Heidelberg und Jena Theologie. Im Oktober 1868 kommt er als zweiter Direktor an die Einwohnermädchenschule in Bern. Weil ihm pietistisch-konservative Kreise eine zersetzende Weltanschauung vorwerfen, muss er die Schule 1880 verlassen. Nun beginnt seine Arbeit als Feuilletonredaktor beim «Bund». Dort schreibt er im Lauf der Zeit um die 5000 Artikel; dazu kommen 7 Reisebücher und über 40 Erzählungen. Wichtig und bekannt wird er als Kritiker, sei es nun Literatur-, Musik-, Theaterkritik, aber auch Kritik an den Zeitumständen oder an aktuellen Vorkommnissen. Engagiert äussert er sich zu Verkehrs- und Umweltfragen, und er setzt sich zu einer Zeit, als das von Männern nicht selbstverständlich ist, für die Gleichberechtigung der Frauen ein. Sein Freundes- und Bekanntenkreis umfasst unter anderem Carl Spitteler, Johannes Brahms, Robert Walser, Ricarda Huch, Gottfried Keller und Ferdinand Hodler. Er wird mit seiner Literaturkritik weit über Bern hinaus wahrgenommen. In Deutschland macht er sich mit der kritischen Besprechung einer Rede des Kaisers unbeliebt.

1 | Das Bild zeigt Josef Viktor Widmann mit Wanderausrüstung. Es ist ein für ihn typischer Aufzug: Lange Spaziergänge, Wanderungen und Reisen gehören zu seinem Leben und seiner Arbeitsweise. Im Redaktionsbüro ist er nur vormittags anwesend; den Nachmittag verbringt er oft mit Spaziergängen.
BBB: Depot der Schillerstiftung, Neg. 2394

Kleinwabern
Das Erziehungsheim Morija wird 1827 von welschen Pietisten gegründet mit dem Ziel, Mädchen im Alter von 7 bis 16 Jahren christlich zu erziehen. Aufgenommen werden Mädchen, die aus zerrütteten Verhältnissen stammen oder deren Eltern sie ausgestossen haben. Französischsprachige Mädchen erhalten den Vorrang vor deutschsprachigen. Im ersten Jahr befindet sich die Institution im Marzili, 1828 zieht sie ans Falkenplätzli, aber der Platzmangel des erfolgreichen Betriebs zwingt zum erneuten Umzug in den Frutingarten (zwischen Speichergasse und Hodlerstrasse). In dieser Zeit und noch etwas darüber hinaus wird das Heim Frutingsanstalt genannt. Ein nächster Umzug erfolgt 1850, als die Familie von Fellenberg in Hofwil günstig Land zur Verfügung stellt. 1869 zieht das Heim nach Wabern, weil die Anstalt Bächtelen ein Haus (die May-Scheuer) und Landwirtschaftsland zu einem sehr vorteilhaften Zins offeriert. 1873 kann das Morija, wie es nun heisst, das Haus kaufen. Leider brennt es 1882 ab. Seit 1831 führt das Heim eine eigene Schule, die 1951 wieder aufgegeben wird.

1 | Das nach dem Brand von 1882 neu erbaute Heim
StAB: T 1091 (2), Nr. 26

Klosterhalde 4
Als nach der Reformation der Staat die Ausbildung der Theologen übernehmen muss, gründet er auch die entsprechende Hohe Schule. Sie befindet sich im Gebäude des ehemaligen Barfüsserklosters. Später kommen weitere Studiengänge dazu, und 1834 entsteht aus der Hohen Schule die Universität. Der Umbau von

1 | Das Gebäude kurz vor dem Abbruch, von der Kirchenfeldbrücke aus gesehen
BBB: FN. G. B. 47
2 | Der gesamte Komplex mit Hochschule, Lateinschule und Von-Wattenwyl-Haus (Herrengasse 23)
BBB: FN. G. B. 48

77

BILDERINDEX

1879 bis 1884 gibt der Hochschule das Aussehen, das sie bis zum Abbruch 1905 beibehält. Die Universität hat schon 1903 das neue Gebäude auf der Grossen Schanze bezogen. An der Stelle der Hochschule wird das neue Casino gebaut. Dieses ersetzt den Vorgängerbau, der dem Parlamentsgebäude weichen muss.

3 | Ansicht von Westen, links der Turm der Lateinschule und ganz links das Gebäude der Stadtpolizei
BBB: Kp. IV. 277, S. 59

4 | Karikatur: Die Studenten protestieren gegen die zu hohen Preise des Buchhändlerkartells.
StAB: T. D. 157

Klösterlistutz

Wegen des Baus des Bernerhofs wird der Viehmarkt 1857 vom Rand der oberen Altstadt an den Klösterlistutz verlegt, wo er sich auch 1894 noch befindet.

1 | BBB: PW. 213, Nr. 87
2 | BBB: PW. 213, Nr. 52v

Klösterlistutz 2–4

Der Turm am östlichen Brückenkopf der Stadt wird um 1260 gebaut und hat von Anfang an die heutige Höhe. Bis 1583 ist es ein Schalenturm, das heisst, er ist ursprünglich stadtseitig nicht zugemauert. Von 1755 bis 1764 werden der Turm renoviert und das Untertor neu gebaut. In den Jahren 1819–1821 werden die Untertorbrücke erneuert und der stadtseitige Torbogen abgebrochen. 1862 verkauft die Stadt den Turm an Private, die darin Wohnungen einrichten. Sie erhalten 1868 auch die Erlaubnis zum Abbruch des Untertors auf der Ostseite der Brücke.

1 | Felsenburg und Untertorbrücke um 1700
BBB: FA Stettler 26, Bl. 6

2 | Nach dem Umbau von 1764. Die Brückenaufbauten sind verschwunden, das Untertor präsentiert sich in der Form, die ihm der Architekt Erasmus Ritter (1726–1805) gegeben hat.
BBB: Gr. B. 62

3 | Untertor und Felsenburg, vom Läuferplatz her gesehen. So sieht die Anlage von 1819 bis 1862 aus.
BBB: FP. D. 367

4 | Die Felsenburg 1851 auf einer Zeichnung von Isabelle von Fischer (1831–1916)
BBB: FA von Fischer

5 | Die Felsenburg nach 1868 – das Untertor fehlt.
BBB: FP. G. 27

Klösterlistutz 8

Hier befindet sich das Geschäft von Droschkenkutscher Friedrich Guggisberg.

1 | Albrecht Guggisberg (1870–1937), Sohn von Friedrich, mit dem «Sonntagswagen»
Aus dem Besitz von Marlies Ammann, Bern

2 | Der Kutscher Gfeller mit Gefährt
Aus dem Besitz von Marlies Ammann, Bern

Köniz

1 | Geläute der Kirche
Aufnahme: Mathias Walther

Kornhausplatz

1 | Frauen am Kindlifresserbrunnen beim Wasserholen
BBB: FP. E. 379

Kramgasse

1 | Strassenszene in der Kramgasse, noch vor dem Bau der Tramlinie (1889)
BBB: FN. G. C. 268

2 | Einkaufsbummel unter den Lauben der Kramgasse
BBB: Mss.h.h. LII. 136 (18)

BILDERINDEX

	3	Der Ärger über das rücksichtslose Fahrverhalten der Velofahrer ist nichts Neues. Der Text der Postkarte aus dem Anfang des 20. Jahrhunderts lautet: «G'seht der Mutz fährt über Stock und Stei/Da muass mer Obacht ha zu syne Bei/Automobil und Polizei/Das ischt ihm alles einerlei». BBB: AK. 296

Kramgasse 84 ● 1 | Coiffure Wildbolz
BBB: Depositum Agathon Aerni, Heft «Wo verkehren wir in Bern?»

Langmauerweg 12 ○ 1 | Der Pelikan, davor Kindergärtnerinnen mit ihren Schützlingen
BBB: FP. D. 139

Läuferplatz ◉ 1 | Läuferbrunnen mit Wäscherin und Knaben
BBB: FN. G. C. 720

Läuferplatz 6–8 ● 1 | Ansicht vom Altenberg aus (Ausschnitt aus einer Fotografie)
Im Rossschwemmeturm am Läuferplatz 6 besteht seit 1852 das Laufeneggbad, eine Badwirtschaft.
BBB: FP. E. 142

Lorrainestrasse 3 ● 1 | Die Aufnahme stammt aus der Zeit, in der das Gebäude noch die Privat-Blindenanstalt beherbergt.
An der Lorrainestrasse 3 befindet sich von 1877 bis 1890 die Privat-Blindenanstalt. Von 1890 bis 1895 wird das Haus vom Physiologischen Institut und vom Zoologischen Kabinett der Universität benutzt. 1895 schenkt der Kanton das Gebäude der Stadt als Kantonsbeitrag zum Bau der Kornhausbrücke. Die Stadt quartiert dort die Lehrwerkstätten ein.
BBB: FP. E. 545
2 | Blick in die Lehrwerkstätten
Kantonale Bernische Handels- und Gewerbekammer: Bern und seine Volkswirtschaft. Bern 1905, S. 563

Lorrainestrasse 3 ◉ 1 | Von Lehrlingen eingerichtetes Badezimmer
Kantonale Bernische Handels- und Gewerbekammer: Bern und seine Volkswirtschaft. Bern 1905, S. 564
2 | Zeitgemässes Möbel aus den Lehrwerkstätten
Kantonale Bernische Handels- und Gewerbekammer: Bern und seine Volkswirtschaft. Bern 1905, S. 565

Luisenstrasse 15–5 ● 1 | Holz zersägende Leute an der Ecke Luisenstrasse/Thunstrasse
BBB: Kp. IV. 277, S. 93
2 | Tarif der Holzhauer im Adressbuch
Adressbuch 1895/96, S. 449

Marienstrasse ● 1 | Chaise
Privatbesitz, Bern
2 | Vis-à-Vis
Privatbesitz, Bern

BILDERINDEX

3 Coupé, hier als Hochzeitskutsche
Privatbesitz, Bern

4 Auf Kundschaft wartende Kalesche auf dem Bubenbergplatz. Im Hintergrund die Südwestecke des Burgerspitals und die Türmchen des damaligen Gebäudes Bubenbergplatz 8–10. Aufnahme 1916
Sammlung Fotostiftung Schweiz, Winterthur, Inv. Nr. 1984.246: Droschkenposten in Bern. Bild: Stefan Jasienski

Marktgasse
Marktszenen aus dem Ende des 19. Jahrhunderts in der Marktgasse

1 BBB: AK. 1038
2 BBB: FP. E. 143
3 BBB: FN. G. C. 284

Marktgasse 4
1520 kauft die Gesellschaft zu Zimmerleuten ihr Haus an der Marktgasse 4. Sie ersetzt das alte Gebäude 1906–1909 durch einen Neubau. 1953 erwirbt sie ihr heutiges Zunfthaus an der Kramgasse 2, behält jedoch das Marktgass-Haus und vermietet es nun.

1 Ansicht der Marktgasse 4 vor dem Neubau, als Zimmerleuten auch noch einen Hotel- und Gastwirtschaftsbetrieb führt. Dieser wird mit dem Neubau aufgegeben. Der Zimmermann an der Fassade ziert heute die Kramgasse 2.
BBB: FN. G. E. 63

2 Ecke Marktgasse/Kornhausplatz. Gut sichtbar ist das Zunfthaus von Zimmerleuten.
BBB: FN. G. F. 10

3 Die Vorgesetztenstube im alten Haus, vor dem Umbau
BBB: FN. G. E. 226

Marktgasse 9

1 Die Zunft zu Webern besitzt heute ein Haus an der Gerechtigkeitsgasse 68. Von 1465 bis 1911 war sie allerdings an der Marktgasse 9 zuhause. Die Figur vorne ist jene von Webern; weiter hinten befindet sich die von Mittellöwen (Marktgasse 11), und dahinter ist (ohne Figur) das Haus von Schuhmachern (Marktgasse 13).
BBB: Kp. IV. 277, S. 35 oben

Marktgasse 11
Die Marktgasse 11 ist heute das Zunfthaus von Mittellöwen. Im ganzen Komplex Marktgasse 11/Amthausgasse 6 befand sich ursprünglich der Gasthof Falken, von der Mitte des 17. bis in die Mitte des 19. Jahrhunderts die erste Adresse in Bern. 1722 kauft Mittellöwen die Gebäude und führt den Falken nur noch im Marktgassteil weiter. 1904 wird der Betrieb des Hotels eingestellt, weil die Rendite im Verhältnis zum Investitionsbedarf zu klein ist.

1 Innenhof des Falkens, Marktgassseite
[*für die Aussenansicht siehe Marktgasse 9*]
BBB: FP. F. 50

BILDERINDEX

Marktgasse 12 — ● 1 | Die Zunftgesellschaft zu Schmieden erwirbt 1448 das Haus an der Marktgasse 12. Im Lauf der Zeit erfolgen diverse Renovationen. Das Bild zeigt den Zustand zwischen den Umbauten von 1892/93 und 1912, als das Haus neu gebaut und mit Nummer 10 zusammengelegt wird.
BBB: Kp. IV. 277, S. 36 oben

Marktgasse 13 — ●
Zunfthaus Schuhmachern [*Abbildung siehe Marktgasse 9*]

Marktgasse 28 — ⊙ 1 | Eisenwarengeschäft Christen & Cie
BBB: Depositum Agathon Aerni, Heft «Wo verkehren wir in Bern?»

Marktgasse 45 — ⊙ 1 | In den Häusern Marktgasse 45/Amthausgasse 28 befindet sich die Einrichtungsfirma Steiger-Zoller.
Zunfthaus von Ober-Gerwern
BBB: Depositum Agathon Aerni, Heft «Wo verkehren wir in Bern?»

Marktgasse 51 — ⊙ 1 | Kleidergeschäft der Firma Ciolina & Cie
BBB: Depositum Agathon Aerni, Heft «Wo verkehren wir in Bern?»

Marktgasse 61 — ⊙ 1 | Comestibles Ludwig & Gafner, Laden
BBB: Depositum Agathon Aerni, Heft «Wo verkehren wir in Bern?»

Marktgasse 63 — ⊙ 1 | Etwa so könnte es in der Hut- und Käppifabrik von Eduard Küpfer (1864–1928) ausgesehen haben, die sich 1894 an der Marktgasse 63 befindet.
SAB: SD XI, 55

Marzilibad — ○ 1 | In der Stadt Bern wird der Schwimmunterricht an den Schulen 1891 für obligatorisch erklärt.
BBB: R. A. 25

Marzilibad — ◉ 1 | Badebetrieb
BBB: R. A. 26

Marzilibad — ● 1 | Heutige Situation: Luftbild vom 7. August 1979
© Luftbild Schweiz: L1-795506, Bern-Marzili, 7.8.1979

Marzilibad — ● 1 | Steg über den inneren Aarelauf auf das Inseli. 1968 wird der Lauf der inneren Aare zugeschüttet.
BBB: Mss.h.h. Ll. 65, Nr. 75

BILDERINDEX

Marzilibad

1 | Auf dem ehemaligen Holzlagerplatz (beim Nordende der später gebauten Dalmazibrücke) entsteht 1822 die Akademische Badanstalt. Sie dient dem Schwimmunterricht der Schulen. Es ist in Europa die dritte solche Anlage nach Berlin und Hamburg. Sie bleibt bis zum Neubau der Dalmazibrücke 1957 bestehen.
BBB: Gr. A. 468

Marzilistrasse 23–27

1 | Gebäude an der Stelle der heutigen Bäckerei Fürst
BBB: FP. E. 185

Marzilistrasse 28
1892 gründen die Brüder Adolf und Gottfried Wyss eine Fuhrhalterei. 1894 kaufen sie den ersten Möbelwagen. 1902 trennen sie sich, und 1906 geht die Firma Adolf Wyss ein. Gottfried führt seinen Betrieb weiter. Als er 1915 stirbt, übernehmen seine Witwe und der Sohn das Geschäft. Sie ziehen 1923 mit ihrem Betrieb an die Schwanengasse 5, und gleichzeitig eröffnen sie eine Kohlenhandlung. Die Firma entwickelt sich zu einem Unternehmen mit 22 Angestellten, das zu Beginn der Fünfzigerjahre nationale und internationale Transporte durchführt.

1 | Reklame der Gebrüder Wyss
Adressbuch 1895/96, S. 84

Marzilistrasse 30
An dieser Adresse wohnt 1894 der Kunstmaler Rudolf Münger (1862–1929). Er beginnt seine Ausbildung mit einer Malerlehre; in Bern besuchte er Kurse an der Kunstschule. In der Freizeit erhält er Unterricht vom Maler und Heraldiker Christian Bühler (1825–1898). Von 1883 an hält sich Münger mehrfach in München auf, um seine Ausbildung zu vervollständigen. Dort lernt er auch Ernst Kreidolf (1863–1956) kennen, mit dem er sich anfreundet. 1885 erwirbt Münger das Diplom als Zeichenlehrer und unterrichtet bis 1898 an der Gewerbeschule. Den Hauptteil seiner Einnahmen erzielt er mit Gebrauchsgraphik wie Glückwunschkarten, Urkunden, Menüzetteln, Buchtiteln, Wappen, Fahnen und Buchillustrationen. Dazu kommen Aufträge für Glasfenster in Kirchen und Wandmalereien an öffentlichen Gebäuden. Er ist in seiner Malerei detailtreu und konservativ. Diese bewahrende Grundhaltung führt ihn dazu, zusammen mit Otto von Greyerz (1863–1940) und andern Gleichgesinnten 1905 die Schweizerische Vereinigung für Heimatschutz zu gründen. Für das Heimatschutztheater entwirft er Kostüme und Dekorationen. Heute noch bekannt und gut sichtbar ist die Bemalung des Kornhauskellers.

1 | Selbstporträt: Rudolf Münger stellt sich im Kornhauskeller als Dudelsackpfeifer dar.
BBB: N Rudolf Münger, Mappe XX
2 | Neujahrskarte für 1894, Vorderseite
BBB: N Rudolf Münger 50 (5)
3 | Neujahrskarte für 1894, Rückseite
BBB: N Rudolf Münger 50 (5)
4 | Neujahrskarte für 1894, Rückseite
BBB: N Rudolf Münger 50 (5)
5 | Neujahrskarte für 1894, Rückseite
BBB: N Rudolf Münger 50 (5)
6 | Erinnerungskarte für die Reise der Berner Liedertafel nach London
BBB: N Rudolf Münger 52 (6)
7 | Entwurf für eine Wanddekoration «Kunsthandwerk». Rudolf Münger erhält 1899 den Auftrag, die Darstellung «Kunstgewerbe» im Gewerbemuseum Bern auszuführen.
BBB: N Rudolf Münger, Mappe EE

BILDERINDEX

Marzilistrasse 49 ◉
Gipsfabrik von Fr. Hartmann, Fabrikant von hydraulischem Kalk und Gips (in Leissigen)

Metzgergasse 2 ○
Die Kirche Sankt Peter und Paul ist die erste katholische Kirche in Bern. Erbaut wird sie von 1858 bis 1864 in neugotischem Stil. Als Folge des Kulturkampfs wird aus ihr 1875 eine christkatholische Kirche.

1 | Die Kirche von der Brunngasshalde her
BBB: FP. E. 385
2 | Blick ins Innere der Kirche
BBB: FN. G. D. 134
3 | Bischofsweihe vom 14. September 1924
BBB: AK. 824
4 | Geläute der Kirche
Aufnahme: Mathias Walther

Metzgergasse 16–18 ◉
1 | Rückseite der Gebäude Metzgergasse 16–18 (Brunngasshalde): Stettbrunnen mit Wäscherinnen
BBB: AK. 729

Metzgergasse 52 ◉
1 | Blick in eine Wohnung der Unterprivilegierten
SAB: SD IX, 42

Metzgergasse 72 ●
Hotel Schlüssel/Herberge zur Heimat: Hier nimmt die Blatternepidemie von 1894 ihren Ausgang.
[siehe auch Freiburgstrasse 82]

Monbijou-Friedhof ◉
1 | «Auf dem Weg», Zeichnung eines Waldau-Patienten
PMB: Sammlung Morgenthaler, Inv. Nr. 2071

Mühlenplatz 5–15 ◉
In der Matte konzentrieren sich die Mühlen Berns. Am Mühlenplatz 5, 7, 11 und 13 ist die Firma Schenk zuhause; Nr. 9 ist die Stadtmühle der Einwohnergemeinde. 1887 kommt Johannes Schenk (1821–1906) nach Bern und baut die neue Stadtmühle, wobei er das Mühlengebäude von 1818 stark umbaut und erweitert. Bis die Firma 1991 nach Ostermundigen zieht, bleibt sie an der Matte. Im Lauf der Zeit diversifiziert sie stark. 1930 führt sie die Hartweizenverarbeitung ein, und 1937 beginnt sie als erste Firma in der Schweiz mit der Produktion vitaminisierter Kraftfuttermittel. In den 1960er-Jahren kommen Frühstückscerealien («Reddy») dazu, ausserdem die Süssstoffreihe Zucrinet, Zucritam, Zucrilite, Zucrino. Weitere Produkte sind Paniermehl, Biscuits und Flüssigdünger.

1 | Plansichter zur Trennung der Kornbestandteile
Archiv der Stadtmühle Schenk AG, Ostermundigen
2 | Walzenstühle
Archiv der Stadtmühle Schenk AG, Ostermundigen

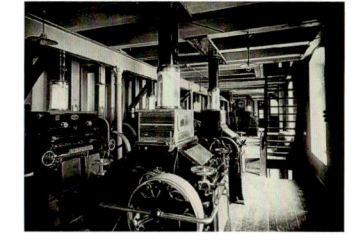

Mühlenplatz 16 ○
Grosses Matten-Schulhaus, Bauzeit 1834–1836

83

BILDERINDEX

Münster
Schon um 1840 war Franz Schmid (1796–1851) auf die Idee gekommen, vom Münster aus ein Panorama zu zeichnen. Es könnte Hermann Völlger als Inspiration gedient haben. Der Turm des Münsters wird in den Jahren 1891–1893 ausgebaut. Dies gibt Völlger die Möglichkeit, sein Panorama der Stadt aus der Höhe aufzunehmen. Einige Bilder dazu sowie Impressionen aus Fotoateliers jener Zeit sollen einen kleinen Eindruck geben, unter welchen Voraussetzungen seine Aufnahmen entstanden sind.

1 | Turm im Ausbau
BBB: FP. G. 75
2 | Turm im Ausbau
BBB: FP. G. 76
3 | Blick vom Münsterturm nach Osten
BBB: Gr. D. 15 a
4 | Blick vom Münsterturm nach Westen
BBB: Gr. D. 15 b
5 | Geläute
Aufnahme: Mathias Walther

Münster

1 | Das Münstergespenst: Der Fotograf Moritz Vollenweider dürfte sich hier über die Versuche lustig gemacht haben, mit der Kamera Erscheinungen sichtbar zu machen, die das menschliche Auge ohne Hilfsmittel nicht wahrnimmt.
BBB: FP. F. 78

Münster

1 | An der Sulgeneckstrasse 6 befindet sich das Atelier von Hermann Völlger.
BBB: FN. G. C. 325
2 | So könnte es im Innern des Ateliers von Hermann Völlger ausgesehen haben: Fotograf beim Porträtieren.
BBB: Mss.h.h. LII. 136 (784)
3 | Atelier von Jean Kölla (1860–1929), Bern
BBB: Depositum Agathon Aerni, Heft «Wo verkehren wir in Bern?»

Münzgraben
Der Münzgraben (ältere Bezeichnung: Gerberngraben) befindet sich südlich der alten Hauptwache. Die dortigen Häuser werden 1936 für den Bau des Casino-Parkings (damals noch Bellevue-Garage) abgerissen.

1 | Blick von der Münz her Richtung Norden. Am oberen Ende des Münzgrabens ist die Hauptwache zu sehen. Im Vordergrund befindet sich die Auswanderungsagentur Hamburg-Amerika.
BBB: FP. E. 106
2 | Ansicht von Norden
BBB: FP. E. 133
3 | Ansicht von Süden. Ganz links am Rand die Häuser Münzgraben 6–2, die heute noch existieren.
BBB: FP. E. 161

Münzgraben 6–Inselgasse 4

1 | Zur Zeit des Panoramas gehört das Haus Münzgraben 6 dem Strohhutfabrikanten Franz Emanuel Gerber. Der Brunnen davor wird nach 1926 in der Elfenau aufgestellt.
BBB: FN. G. E. 117

BILDERINDEX

Münzgraben 8
Am Münzgraben 8 befindet sich die neue Münzstatt, 1789–1791 erbaut. Sie dient bis 1835 als kantonale Münzstätte. 1854 pachtet sie der Bund. 1906 beginnt die Arbeit in der neuen Münzstatt im Kirchenfeld. Von dort stammen die Bilder zur Münzprägung. Die bisherige Münzstätte wird 1911 abgebrochen und ins Hotel Bellevue integriert.

1 | Ansicht der Münze von Norden. Ganz links am Rand die ehemalige Münzterrasse
BBB: FP. H. 27
2 | BBB: Fotoalbum «Eidgenössische Münze Bern 1908», Bl. 1
3 | BBB: Fotoalbum «Eidgenössische Münze Bern 1908», Bl. 2
4 | BBB: Fotoalbum «Eidgenössische Münze Bern 1908», Bl. 3
5 | BBB: Fotoalbum «Eidgenössische Münze Bern 1908», Bl. 4
6 | BBB: Fotoalbum «Eidgenössische Münze Bern 1908», Bl. 5
7 | BBB: Fotoalbum «Eidgenössische Münze Bern 1908», Bl. 6
8 | BBB: Fotoalbum «Eidgenössische Münze Bern 1908», Bl. 7
9 | BBB: Fotoalbum «Eidgenössische Münze Bern 1908», Bl. 8
10 | BBB: Fotoalbum «Eidgenössische Münze Bern 1908», Bl. 9
11 | BBB: Fotoalbum «Eidgenössische Münze Bern 1908», Bl. 10
12 | BBB: Fotoalbum «Eidgenössische Münze Bern 1908», Bl. 11
13 | BBB: Fotoalbum «Eidgenössische Münze Bern 1908», Bl. 12

Münzstattbrunnen
Der Münzstattbrunnen wird 1912, nach dem Abbruch der Münze, an der Westseite der Transformatorenstation Schwarztorstrasse 62 wieder aufgebaut.

1 | Brunnen am alten Standort im Hof zwischen Münzstatt und Bellevue (an der westlichen Scheidemauer)
BBB: FN. G. C. 556

Münztor

1 | Versteckt hinter dem grossen Baum auf der Münzterrasse befindet sich das Münztor. Das Bild zeigt, wie es in der ersten Hälfte des 19. Jahrhunderts ausgesehen hat. Es wird 1912 abgebrochen.
BBB: Gr. A. 12

Muri

1 | Ansichtskarte von 1901
BBB: AK. 144

Muri

1 | Kirche
BBB: FN. G. C. 760
2 | Geläute der Kirche
Aufnahme: Mathias Walther

Muristalden

1 | Der Muristalden, als noch keine Cars dort parkieren: ein Spazierweg für Mütter und Kinder
BBB: FP. G. 100

BILDERINDEX

Nägeligasse 2

Der Gegensatz von radikaler Regierung und konservativen Ansichten bei vielen Bürgern bringt es mit sich, dass im 19. Jahrhundert verschiedene Privatschulen mit religiöser Ausrichtung entstehen. Eine davon ist die 1859 von Theodor von Lerber (1823–1901) gegründete Schule, die in den ersten Jahren im untersten Haus im Münzgraben untergebracht ist. Der Anfang ist harzig, und Lerber begleicht das Defizit des ersten Jahres aus der eigenen Tasche. Schliesslich stellt sich der Erfolg doch ein, die Schule wächst, und 1866 zieht sie an die Amthausgasse 23. Nachdem bisher nur Elementarunterricht stattgefunden hat, erweitert die Lerberschule 1865 ihr Angebot um eine Progymnasialabteilung. Konsequenterweise kommt 1869 ein Gymnasium 23. Nachdem bisher nur Elementarunterricht stattgefunden hat, erweitert die Lerberschule 1865 ihr Angebot um eine Progymnasialabteilung. Konsequenterweise kommt 1869 ein Gymnasium hinzu. Damit ist das Schulhaus schon wieder zu klein; es folgt der Umzug an die Schauplatzgasse 37, und nachdem die Schülerzahl auf 300 gestiegen ist, reicht auch dort der Platz nicht mehr. In den Jahren 1880/81 entsteht an der Nägeligasse 2 der Neubau, in dem sich die Schule während Jahrzehnten befinden sollte. Nach dem Ausscheiden Lerbers aus der Schule ändert die Direktion den Namen in Freies Gymnasium, so wie es bis heute noch heisst.

○ 1 | Haus der Lerberschule an der Nägeligasse 2
BBB: FN. G. C. 309

2 | Hörszene: Was heisst für uns evangelikal-pietistisch?
Text: Andreas Thiel

Nägeligasse 6

○ 1 | Die 1851 gegründete Neue Mädchenschule befindet sich zuerst an der Marktgasse 37, bevor sie ins 1875–1877 erbaute Schulhaus an der Nägeligasse 6 einzieht.
BBB: PW. 213, Nr. 33

Nägeligasse 6/Waisenhausplatz 29

● 1 | Strassenwischerinnen an der Ecke Nägeligasse/Waisenhausplatz. Die Strassenreinigung ist bis ins 20. Jahrhundert hinein vor allem eine Frauenarbeit.
BBB: FP. E. 356

Neufeldstrasse 20

Vor dem Bau des Länggass-Schulhauses müssen die Kinder von Holligen, aus dem Weyermannshaus, vom Mattenhof, aus dem Sulgenbach, der Linde, dem Stadtbach und der Länggasse in die Bollwerk-Schule. Das Bevölkerungswachstum führt zu Platznot, woraufan der Neufeldstrasse 20 das erste Länggass-Schulhaus gebaut wird. Der Schulbetrieb beginnt am 19. November 1860. 1873 wird das Schulhaus mit einem Uhrtürmchen versehen, womit die Länggasse die erste öffentliche Uhr bekommt.

○ 1 | BBB: PW. 213, Nr. 71
2 | SAB: Postkartensammlung

BILDERINDEX

Neufeldstrasse 40

Da die alte Länggass-Schule schon bald zu klein wird, entschliesst man sich zu einem zweiten Schulhausbau. 1892 ist er bezugsfertig. «In drei Stockwerken enthält es 18 Klassenzimmer, jedes mit Garderobe, 2 Zimmer für Handfertigkeitsunterricht, 1 Kommissionszimmer, 2 Lehrerzimmer und die Abwartwohnung. Selbstspülende Klosetts. Im Halbsouterrain 1 Lokal für Suppenverteilung, sowie Badeeinrichtungen (Douchen) für beide Geschlechter. Ausgedehnter Turn- und Spielplatz (ca. 5500 m²) mit Hindernisbahn. Schulgarten.» (Adressbuch 1895/96, S. 437)

1 | SAB: Postkartensammlung

Nydeggbrücke

1 | Brücke im Bau. Ausschnitt aus einer Lithographie nach einer Daguerreotypie von Franziska Möllinger (1817–1880)
BBB: Gr. C. 26
2 | Lufttram am Ostende der Nydeggbrücke
BBB: AK. 56
3 | Hörszene: Das Geheimnis des Lufttrams
Text: Andreas Thiel

Nydegghof

Der Nydegghof, wie er sich 1894 präsentiert, fällt der Sanierung in den 1950er-Jahren zum Opfer.

1 | Ansicht von Westen
BBB: FP. E. 478
2 | Nydegghöfli 49–35
BBB: FP. D. 68
3 | Nydegghöfli 47 (rechts), 49 (links)
BBB: FP. E. 86

Nydeggkirche

Die erste Kirche an dieser Stelle entsteht 1341–1346; sie wird zwischen 1480 und 1504 in mehreren Etappen durch einen Neubau ersetzt. Nach der Reformation setzt die Regierung den Gottesdienst ab, und von 1529 bis 1566 benutzt man sie als Magazin für Fässer, Holz und Korn. Seither finden darin wieder Gottesdienste statt. In den Jahren 1864/65 wird die Kirche nach Westen erweitert, was einer Verlängerung um 40 Prozent gleichkommt.

1 | Aufnahme der Kirche mit dem Baugerüst, das zu deren Verlängerung errichtet wurde
BBB: FP. G. 29
2 | Vor der Verlängerung, Ansicht von Westen
BBB: FP. C. 148
3 | Vor der Verlängerung, Ansicht von Osten
BBB: FP. D. 38
4 | Nach der Verlängerung, Ansicht von Osten
BBB: FN. G. C. 244
5 | Geläute der Kirche
Aufnahme: Mathias Walther

Ostermundigen

Die Ausbeutung der Ostermundigen-Steinbrüche beginnt schon im 15. Jahrhundert. Bis ins 19. Jahrhundert entwickeln sie sich zum grössten Sandsteinbruch der Schweiz, der sogar über die Landesgrenzen hinaus bekannt ist. Die alten Steinbrüche an der Bernstrasse gehören dem Staat, jene auf dem Ostermundigenberg der Holzgemeinde Ostermundigen. Allerdings werden die Brüche von Privaten geführt, die dafür bezahlen müssen. Im Herbst 1871 nimmt die Steinbruchbahn ihren Betrieb auf, was

1 | Reklame der Aktiengesellschaft für die Steinbrüche von Ostermundigen von 1895
Adressbuch 1895/96, S. 78

BILDERINDEX

eine industrielle Ausbeutung ermöglicht. Unsorgfältige Arbeit führt aber zu Qualitätsverlusten, so dass der Ostermundigenstein seinen guten Ruf verliert. Die Aktiengesellschaft, die die Steinbrüche der Holzgemeinde betreibt, stellt die Ausbeutung Ende 1901 ein. 1917 kauft der Staat der Holzgemeinde die Steinbrüche ab. Auf einem Teil des nun ganz dem Staat gehörenden Steinbruchareals geht die Ausbeutung in kleinem Massstab bis heute weiter. Eine andere Stelle wird zum Heizöllager umfunktioniert, und auf dem Schutthügelgelände im oberen Abschnitt wird 1969 ein regionales Zivilschutz-Ausbildungszentrum eingerichtet.

Papiermühlestrasse 13
Kavalleriestallungen

Papiermühlestrasse 15
Die bisherigen Zeughäuser und Kasernen in der Stadt sind baufällig, zu klein und genügen den Ansprüchen nicht mehr. So arbeiten Regierungsrat und Grossrat seit den 1860er-Jahren an einer neuen Lösung. Interessant ist, dass man auf den Bund keine Rücksicht nimmt, da nach der Ablehnung des Verfassungsentwurfs für eine neue Bundesverfassung von 1872 keine Gewähr besteht, dass in absehbarer Zeit sichere Vorgaben zum Militärwesen zu erwarten sind. 1873 fällt der Beschluss, die neuen Militärbauten (Kaserne, Zeughaus, Kavalleriestallungen) auf dem Beundenfeld zu bauen. In den Jahren 1873–1878 entstehen die einzelnen Bauten.

Papiermühlestrasse 17
Kantonales Zeughaus

Polizeigasse 3
Die Bibliotheksgalerie entsteht 1772–1775 als Verlängerung des Westflügels der alten Hochschule nach Norden. Allerdings dient die Galerie nicht als Bibliothek, sondern zur Aufbewahrung der kunst- und naturgeschichtlichen Sammlungen. Sie ist deshalb die Vorläuferin des Kunst-, des Naturhistorischen und des Historischen Museums, die im letzten Viertel des 19. Jahrhunderts entstehen. Die spektakuläre Nordfassade wird beim Abbruch der Galerie von 1905 bis 1908 verschont und 1912 am Thunplatz als Brunnen neu errichtet.

1 Nordfassade, entworfen vom Architekten Niklaus Sprüngli (1725–1802)
BBB: FP. E. 362

2 Ausstellung des alten Historischen Museums in der Bibliotheksgalerie
BBB: FP. E. 371

3 Ausstellung des alten Historischen Museums in der Bibliotheksgalerie
BBB: FP. E. 372

4 Blick in das Treppenhaus der Bibliotheksgalerie
BBB: FP. G. 67

5 Grosser Saal
BBB: FP. H. 30

BILDERINDEX

Polizeigasse 5
Von 1798 an dient der ehemalige Münsterwerkhof bis zum Abbruch 1908 als Sitz der Stadtpolizei und der Polizeidirektion. Das Gebäude steht an der Ostseite des heutigen Casinoplatzes.

1 | Ansicht des Polizeigebäudes von Westen, erste Hälfte des 19. Jahrhunderts. Der Brunnen rechts am Rand wird 1882 an die Westseite der Stadtbibliothek versetzt, wo er heute noch steht.
BBB: Gr. B. 16

2 | Ansicht des Gebäudes kurz vor dem Abbruch
BBB: FN. G. D. 85

3 | Ansichtskarte des Polizeigebäudes, Blick auf die Nordfassade. Links anschliessend die Bibliotheksgalerie. Man beachte das stolze Leuchten in den Augen der Polizisten.
BBB: AK. 464

Postgasse 27

1 | Blick in eine Wohnung der Unterprivilegierten
SAB: SD IX, 44

Postgasse 54
Streiks sind vor 100 Jahren weit häufiger als heute. 1894 streiken in der Stadt Bern die Schneidergesellen für höheren Lohn. Sie haben damit keinen Erfolg. Die Meister entlassen eine Anzahl von ihnen und ersetzen sie durch andere. An der Postgasse 54 befindet sich das Atelier von Schneidermeister J. Vetter.

1 | Bildlegende: Berner Einwohner der Stadt 1898. 1. Schneidermeister und Maskenkleider Händler Luz. 2. Käshändler Siegenthaler. 3. Schlosser Gouzi. 4. Jud Weiler.
BBB: Gr. B. 89

Postgasse 62
Ursprüglich dient die Antonierkirche als Spital für die Pflege von Kranken, die am Antoniusfieber (Mutterkornvergiftung) leiden. Hier werden auch Pilger aufgenommen, die nach St-Didier-de-la-Mothe wandern. Dort befinden sich die Gebeine des heiligen Antonius, des Schutzpatrons der an Mutterkornvergiftung Erkrankten. Gepflegt werden die Bedürftigen von Angehörigen des Spitalordens der Antoniter. Der heutige Bau der Antonierkirche geht auf die 1490er-Jahre zurück. Schon 1533–1535 lässt sie die Obrigkeit zum Kornhaus umbauen. In der Folge wird sie auch als Sattlerwerkstätte und Postwagenremise, Antiquitätensaal, Pferdestall und Heubühne, schliesslich noch als Löschgerätemagazin verwendet. Mit dem Umbau von 1939/40 zum Münsterkirchgemeindehaus entsteht wieder ungefähr der vorreformatorische Zustand. «Die Spitalkirche der Antoniter ist mit Ausnahme der Kirche des Dominikanerordens [Französische Kirche] der einzige erhaltene Sakralbau eines geistlichen Ordens in der Stadt.» (Mojon, Luc: Die Antonierkirche. In: KDM 5, S. 17)

1 | Lauben vor der Kirche
BBB: FP. D. 379

2 | Nordseite der Antonierkirche 1911
BBB: FA von Rodt: Eduard von Rodt, Bernische Kirchen, S. 97

3 | Krypta der Antonierkirche
BBB: FP. D. 380

4 | Ablösung der Fresken beim Umbau von 1939/40
BBB: FP. D. 381

Postgasse 64–66
In den Häusern Postgasse 64–66 befindet sich 1894 die Primarschule für den Schulkreis untere Stadt. Es ist der Ort, an dem bis 1831 die Fischerpost ihr Quartier hatte.

1 | Primarschule an der Postgasse mit Kindern
BBB: PW. 213, Nr. 68

BILDERINDEX

Postgasse 68
An der Nordseite des Hauses Postgasse 68 steht einer der ältesten Brunnen Berns: Der Lenbrunnen wird bereits im 14. Jahrhundert erwähnt.

Postgasse 70
Das Haus an der Postgasse 70 wird um 1610 zur Druckerei ausgebaut, nachdem es vorher fast 100 Jahre lang als Stall für die Ratspferde und Dienstwohnung des Ratsknechts gedient hat. Seit der Aufhebung der Staatsdruckerei 1831 befinden sich auch in diesem Gebäude Räume der Staatskanzlei.

1 | Beispiel für ein in der Staatsdruckerei erschienenes Buch
BBB: Mut. 170 II

Postgasse 72
Die 1525–1533 erbaute Staatskanzlei ist zusammen mit dem ehemaligen Gesellschaftshaus von Ober-Gerwern der einzige staatliche oder korporative Neubau des 16. Jahrhunderts, der heute noch steht. 1541 bezogen, dient sie bis heute demselben Zweck wie bei der Errichtung. Sie ist in Grundriss und Aufbau weitgehend unverändert erhalten geblieben.

1 | Staatskanzlei
BBB: FP. D. 92

2 | Stube des Staatsschreibers
BBB: Stumpf 36

Predigergasse 2–10
Diese Häuserzeile bauen private Bauherren in den Jahren 1879–1881.

1 | Das Herrenkonfektionsgeschäft Zum Derby erscheint von 1893 bis 1896 in den Adressbüchern; ihm ist, wie anderen Kleidergeschäften in neuerer Zeit auch, keine allzu lange Existenz beschieden.
BBB: FP. H. 28

Predigergasse 2–10

1 | Leider wird aus dem Bild nicht ganz klar, was hier passiert. Möglich wäre eine Holzlieferung für die Heizung. [siehe Tarif der Holzhauer, Luisenstrasse 15–5]
BBB: FP. C. 445

Predigergasse 3
Im Gebiet Französische Kirche/Polizeidirektion/Stadttheater befindet sich bis Ende des 19. Jahrhunderts das Predigerkloster. Von seiner Entstehung Ende des 13./Anfang des 14. Jahrhunderts an bis zur Säkularisierung als Folge der Reformation dient es dem Dominikanerorden. 1528 erhält das Untere Spital einen Teil des Gebäudes und bleibt dort bis 1742, als das neue Burgerspitalgebäude bezugsbereit ist. Von 1657 bis 1684 belegt das Zucht- und Waisenhaus den Westflügel; danach von 1689 bis zum Ende des Ancien Régime das Kommerzienhaus, ein Handelshaus der hugenottischen Flüchtlinge für Posamenterie (textile Besatzartikel wie Borten, Quasten, Schnüre, Fransen). Von 1798 bis 1880 findet das Predigerkloster als Kaserne Verwendung, der Westflügel im späteren 19. Jahrhundert als Gewerbehalle. Die Klosteranlage wird 1899 abgebrochen.

1 | Ostflügel des Predigerklosters kurz vor dem Abbruch
BBB: Kp. IV. 277, S. 46 oben

2 | Westflügel des Predigerklosters, Ansicht von Nordwesten. Dahinter der Westabschluss der Französischen Kirche
BBB: Kp. IV. 277, S. 46 unten

3 | Westflügel von Südwesten
BBB: Kp. IV. 277, S. 47 oben

4 | Nordteil
BBB: Kp. IV. 277, S. 47 unten

5 | Ansicht von Nordosten, links das Gebäude Nägeligasse 1, das zu dieser Zeit (vor 1907) das Haus des welschen Pfarrhelfers ist
BBB: FP. C. 37

6 | Innenhof des Predigerklosters
BBB: Kp. IV. 277, S. 48

BILDERINDEX

Rabbentalstrasse 87

Das Haus an der Rabbentalstrasse 87 (Villa Pergola) steht hier stellvertretend für viele andere Villen der grossbürgerlichen Oberschicht, die immer mehr die Altstadt verlässt. Erbaut wird es 1860/61 vom Architekten Johann Karl Dähler (1823–1890). Die beiden Villen an der Rabbentalstrasse 83 und 87 sind die ersten Bauten dieser Art im Rabbental-Altenberg-Quartier. Sie entstehen gleichzeitig mit dem Botanischen Garten. Südöstlich der Pergola befindet sich noch landwirtschaftlich genutztes Land mit Obstbäumen. Laut Gutachten der Denkmalpflege gelten sie als Kristallisationspunkt dieses neuen Quartiers. Die Innenansichten zeigen die Wohnkultur an der Wende zum 20. Jahrhundert. Das Gebäude selbst ist ein Riegbau über gemauertem Erdgeschoss im Schweizer Holzstil, wie er damals beliebt ist. Zur Villa gehören auch ein Waschhaus, ein Sodhäuschen und ein weiteres Wohnhaus mit Scheune und Remise. Komplettiert wird die Anlage durch einen grosszügigen Garten in der Art eines englischen Landschaftsparks mit Veranda. Dieser Park sollte gleichsam den Botanischen Garten nach Osten verlängern. Den Namen erhält die ganze Besitzung von einer Gartenlaube (italienisch «Pergola»), die an den Steilhang des Altenbergs gebaut ist und (vor dem Bewuchs des Geländes mit hohen Bäumen) einen prächtigen Rundblick bietet.

#	
1	Esszimmer BBB: Dokumentation Fremdbestände, Neg. 12 421
2	Veranda BBB: Dokumentation Fremdbestände, Neg. 12 416
3	Veranda BBB: Dokumentation Fremdbestände, Neg. 12 418
4	Veranda BBB: Dokumentation Fremdbestände, Neg. 12 417
5	Veranda BBB: Dokumentation Fremdbestände, Neg. 12 419
6	Grosser Salon BBB: Dokumentation Fremdbestände, Neg. 12 434
7	Grosser Salon BBB: Dokumentation Fremdbestände, Neg. 12 435
8	Gobelinzimmer BBB: Dokumentation Fremdbestände, Neg. 12 428
9	Gobelinzimmer BBB: Dokumentation Fremdbestände, Neg. 12 429
10	Gobelinzimmer BBB: Dokumentation Fremdbestände, Neg. 12 426
11	Kleiner Salon BBB: Dokumentation Fremdbestände, Neg. 12 433
12	Kleiner Salon BBB: Dokumentation Fremdbestände, Neg. 12 432
13	Kleiner Salon BBB: Dokumentation Fremdbestände, Neg. 12 430
14	Büro BBB: Dokumentation Fremdbestände, Neg. 12 437
15	Korridor BBB: Dokumentation Fremdbestände, Neg. 12 422
16	Park Privatbesitz, Bern
17	Park Privatbesitz, Bern
18	Park Privatbesitz, Bern
19	Park Privatbesitz, Bern
20	Park (Grotte) Privatbesitz, Bern
21	Besitzer der Villa Pergola zu Pferd Privatbesitz, Bern
22	Besitzerin der Villa Pergola zu Pferd Privatbesitz, Bern
23	Kinder der Besitzer der Villa Pergola Privatbesitz, Bern

BILDERINDEX

Rathausplatz 2
1406–1415 erbaut, dient das Rathaus der Obrigkeit nicht nur als Versammlungsort für den Kleinen und Grossen Rat, sondern auch als Gerichtssitz, Verwaltungszentrum, Staatsarchiv, Schatzgewölbe, Hauptquartier im Krieg und Zeughaus. Erst im Lauf des 16. Jahrhunderts beginnt der Bau spezieller Gebäude für die verschiedenen Funktionen der Staatsführung und -verwaltung. Nach der Trennung von Stadt und Staat als Folge der Helvetik geht das Rathaus 1803 in Kantonsbesitz über und ist seither Sitz der Kantonsregierung und des Grossrates. 1865–1868 wird das Rathaus einer Restaurierung unterzogen, die das Äussere stark verändert. Erst bei der Renovation von 1940 bis 1942 wird es vom neugotischen Beiwerk des 19. Jahrhunderts befreit und bekommt wieder einigermassen das frühere Aussehen.

1 | Das Rathaus, wie es 1894 aussieht
BBB: FP. E. 523
2 | Fotografie aus der Zeit vor dem Umbau von 1865 bis 1868
BBB: FP. F. 90
3 | Das Rathaus vor dem Umbau von 1865 bis 1868, rechts dahinter die Staatskanzlei
BBB: Gr. B. 551

Reitschulhof 2
Nordöstlich an das Predigerkloster anschliessend, befindet sich die Reitschule. Die Stadt liess sie 1738/39 bauen. Sie wird 1898 für den Bau des Stadttheaters abgebrochen.

1 | Die Stallungen der Reitschule, von der Schütte her aufgenommen
BBB: Kp. IV. 277, S. 45 unten
2 | Die Reitschule kurz vor dem Abbruch
BBB: Kp. IV. 277, S. 44 oben
3 | Die Reitschule kurz vor dem Abbruch
BBB: Kp. IV. 277, S. 44 unten

Reitschulhof 2

1 | Nicht nur Pferde lernt man in der Reitschule beherrschen, sondern auch Drahtesel.
BBB: Kp. IV. 277, S. 45 oben

Reitschulhof 2

1 | Stolz erhebt sich ab 1903 an der Stelle der früheren Reitschule das neue Stadttheater.
BBB: FN. G. D. 29

Sandrainstrasse 3
Strickwarenfabrik Wiesmann & Ryff. Die Fabrik wird 1888 gegründet und 1890 als mechanische Strickerei gebaut. Die Aufnahmen stammen aus dem Jahr 1911.

1 | Ansicht der Fabrik von Süden. Der Komplex wird 1899 gegen Osten, 1905 gegen Westen erweitert.
Denkmalpflege der Stadt Bern: F 854, Nr. 1
2 | Der Eingang zur Fabrik. Unübersehbar und typisch für das Industriezeitalter: die Uhr
Denkmalpflege der Stadt Bern: F 854, Nr. 8
3 | Wolle
Denkmalpflege der Stadt Bern: F 854, Nr. 27
4 | Spinnerei
Denkmalpflege der Stadt Bern: F 854, Nr. 24
5 | Spinnerei
Denkmalpflege der Stadt Bern: F 854, Nr. 20
6 | Strickerei
Denkmalpflege der Stadt Bern: F 854, Nr. 23
7 | Näherei
Denkmalpflege der Stadt Bern: F 854, Nr. 9

BILDERINDEX

	8	Näherei
		Denkmalpflege der Stadt Bern: F 854, Nr. 30
	9	Denkmalpflege der Stadt Bern: F 854, Nr. 18
	10	Schlussbearbeitung
		Denkmalpflege der Stadt Bern: F 854, Nr. 22
	11	Verwaltung
		Denkmalpflege der Stadt Bern: F 854, Nr. 35
	12	Verwaltung
		Denkmalpflege der Stadt Bern: F 854, Nr. 26
	13	Verwaltung
		Denkmalpflege der Stadt Bern: F 854, Nr. 28
	14	Hinterhof
		Denkmalpflege der Stadt Bern: F 854, Nr. 34

Sandrainstrasse 9
Äusseres Bad: Badwirtschaft mit Schwefelquelle

Sandrainstrasse 15–17
Zweites Gaswerk der Stadt. Hier wird von 1876 bis 1967 Gas produziert. In den Jahren 1968–1971 werden die Hochbauten abgebrochen.

1 | Gebäude
BBB: PW. 213, Nr. 20

2 | Holzaufbereitung für die Entgasung
SAB: Album «Fotogeschichte des Gaswerks seit 1843», Nr. 38

3 | Ofenhaus, Bedienung der Schrägretortenöfen
SAB: Album «Fotogeschichte des Gaswerks seit 1843», Nr. 16

4 | Schliessen der Verschlussdeckel der Kammeröfen
SAB: Album «Fotogeschichte des Gaswerks seit 1843», Nr. 61

5 | Entleerung des glühenden Kokses aus dem Vertikalretortenofen
SAB: Album «Fotogeschichte des Gaswerks seit 1843», Nr. 32

6 | Gassauger (Exhaustoren) mit Kolbendampfmaschinenantrieb
SAB: Album «Fotogeschichte des Gaswerks seit 1843», Nr. 89

Schanzeneckstrasse 25
Erbauer der Villa Favorite ist der Seidenfabrikant, Stadt-, Gemeinde- und Grossrat Eduard Simon (1822–1894). Er lässt sie 1862–1864 bauen und bewohnt sie bis 1879, als er sie an die französische Regierung verkauft, die dort ihre Botschaft einrichtet. 1908 veräussert Frankreich die Favorite dem Architekten Alexandre Béguin (1858–1935), der sie zu einer Pension mit hydroelektrischem Kurbad umbaut. Man kuriert die Patienten mittels Bädern, durch die man elektrischen Strom fliessen lässt. Nach nur zwei Jahren unrentablen Geschäftsgangs muss die Pension 1912 den Betrieb einstellen. Ein Umbau zum Hotel bringt kein besseres Resultat, so dass die Favorite AG das Haus 1926 den Diakonissen verpachtet. 1929 kaufen sie das Haus und richten dort ein Altersheim für Bessergestellte ein, das sie bis 1998 führen.

1 | Ansicht der Favorite um 1870
BBB: FP. E. 563

BILDERINDEX

Schanzenstrasse 2
1877 wird das Gebäude mit der heutigen Adresse Hochschulstrasse 6 für die Direktion der Berner Jura-Bahn (später Jura-Simplon-Bahn) erstellt. Nach der Verstaatlichung der Jura-Simplon-Bahn erweitert der Bund das Gebäude, und seit 1903 dient es als Verwaltungsgebäude für die Generaldirektion der SBB.

1 | Das Bild zeigt den Zustand vor den Umbauten am Anfang des 20. Jahrhunderts.
BBB: PW. 213, Nr. 45

Schanzenstrasse 7

1 | Der kurz nach 1894 eröffnete Verkaufsladen von Gaswerk und Wasserversorgung der Stadt (auf dem Stadtplan noch nicht eingezeichnet)
BBB: Depositum Agathon Aerni, Heft «Wo verkehren wir in Bern?»

Schanzenstrasse 23
Die kantonale «Entbindungs- und Frauenkrankenanstalt» wird 1876 eröffnet, und sie soll in erster Linie armen Frauen offenstehen. Der Klinik angegliedert sind die seit 1781 existierende Hebammenschule und eine Lehranstalt für Wochenbettwärterinnen. Das Diakonissenhaus stellt die Krankenpflegerinnen. 1887 kommt ein Wohngebäude für den Direktor und den Verwalter des Spitals dazu. Schon 1892 wird der Name in Kantonales Frauenspital geändert. 1912 erfolgt die Umstellung von Gas- auf elektrische Beleuchtung. Ein kleines Detail: Der 1911 angestellte Klinikdirektor erhält ein Jahresgehalt von 1000 Franken. Kurz vorher hat der Kanton die private medizinische Bibliothek eines Vorgängers gekauft und dafür 3000 Franken bezahlt. Da sich gerade um die Jahrhundertwende die Ansicht durchsetzt, dass Geburten im Spital das Risiko für Frau und Kind vermindern, werden umfangreiche Erweiterungsbauten nötig. Diese realisiert man im ersten Viertel des 20. Jahrhunderts.

1 | Das Frauenspital noch vor den ersten Aus- und Umbauten
BBB: FP. E. 560
2 | Stolz kann die Mutter ihr Kind dem Fotografen präsentieren.
Privatbesitz, Bern
3 | Wer es sich leisten kann, scheut für den Nachwuchs keinen Aufwand – es soll ja einmal etwas Rechtes daraus werden …
BBB: FN. G. C. 640

Schänzlistrasse 39
An diesem Ort bauen die Diakonissen 1886–1888 das Salem-Spital. Auf dem Panorama sind gerade die Arbeiten zur Erweiterung des Spitals von 1894 zu sehen.

Schänzlistrasse 65
Das Hotel Viktoria (damals mit der Hausnummer 65, heute 63) wird 1896 zum Privatspital umfunktioniert. Der Erweiterungsbau an der Sonnenbergstrasse 14, der heute zusammen mit dem Kursaal das Nordende der Kornhausbrücke dominiert, wird in den Jahren 1904–1906 vom Architekturbüro Studer/Davinet ausgeführt. Das Viktoria gehört heute noch, wie schon zu Beginn des 20. Jahrhunderts, dem Institut Ingenbohl («Ingenbohlschwestern»).

1 | Altes Gebäude des Hotels Viktoria
BBB: FP. F. 93 oben

BILDERINDEX

Schänzlistrasse 65

🎯 **1** | Sanatorium Viktoria, Erweiterungsbau von 1904–1906
BBB: FP. F. 93 unten
2 | Blick in den Speisesaal des Erweiterungsbaus
BBB: Mss.h.h. LII. 135, Bl. 7

Schänzlistrasse 75
Das Schänzli bekommt seinen Namen von den Überresten einer im 17. Jahrhundert begonnenen Befestigung, die jedoch nicht zu Ende geführt wurde. Das Schänzli ist ursprünglich eine einfache Kaffeewirtschaft mit Sommerbetrieb. Im Lauf des 20. Jahrhunderts wächst es nach und nach mit dem sich ausdehnenden Kursaal zusammen.

🔵 **1** | Das Schänzli zu Beginn des 20. Jahrhunderts
BBB: FN. G. C. 587
2 | Serviertochter auf dem Schänzli. Zeitraum der Aufnahme: 1879–1894
BBB: Mss.h.h. LII. 136 (24)

Schänzlistrasse 87

🟢 **1** | Die Villa Schanzenberg von Osten, dahinter das Schänzli
BBB: FP. C. 117

Schauplatzgasse

🟢 **1** | Schauplatzgasse 8–18. Das Café Frick ist der Vorgängerbetrieb des Restaurants Della Casa.
BBB: Kp. IV. 277, S. 15
2 | Blick von der Schauplatzgasse 16 (Restaurant Della Casa) Richtung Osten zum Bundesplatz hin
BBB: FP. E. 308
3 | Anekdote
Erzählt von J. Harald Wäber

Schauplatzgasse 7

🔵 **1** | Drogerie Blau, Schaufenster und Innenansicht
BBB: Depositum Agathon Aerni, Heft «Wo verkehren wir in Bern?»
2 | Drogerie Blau, Schaufenster und Innenansicht
BBB: Depositum Agathon Aerni, Heft «Wo verkehren wir in Bern?»

Schifflaube 3

🟣 **1** | Kleines Matten-Schulhaus, Bauzeit 1868–1869. Auf dem Bild ist im Hintergrund das Grosse Matten-Schulhaus zu sehen.
BBB: PW. 213, Nr. 69

Schifflaube 6
Turnhalle

🟣

Schlachthofweg 4–4b

🎯 **1** | Die gesamte Anlage des Tierspitals
BBB: FN. G. C. 626

BILDERINDEX

Schlachthofweg 22

○ 1 | Im Vordergrund der Aufnahme ist das Zuchthauslazarett mit dem zugehörigen Schopf zu sehen. Es ist die Krankenstation des Schallenwerks/Grossen Zuchthauses. Das 1792 erbaute Haus wird zu Beginn des 20. Jahrhunderts abgerissen. Der daran vorbeiführende Weg ist die heutige Engehaldenstrasse. Da die Aarehänge damals landwirtschaftlich genutzt werden, sind sie noch nicht so dicht bewaldet wie heute.
BBB: FP. E. 192

Schlachthofweg 34–57
Das Schlachthaus wird 1873–1875 erbaut, um die Innenstadt von Schlachtbetrieben und der damit verbundenen (Wasser-)Verschmutzung zu befreien.

◉ 1 | Blick über die neue Schlachthausanlage (Aufnahme spätestens 1887)
BBB: PW. 213, Nr. 21

Schosshaldenstrasse 22
Versteckt hinter Bäumen liegt eine historistische Villa. Hier wohnt ein zu seiner Zeit wohlbekannter Dichter: Rudolf von Tavel (1866–1934). Obwohl er schon in den 1890er-Jahren dichterische Versuche unternommen hat, wird er erst 1901 mit der Mundarterzählung «Jä gäll, so geit's!» bekannt. Insgesamt schreibt er 15 Mundartromane. Interessant ist, dass gerade einer der bedeutendsten Mundartdichter nicht auf Vorbilder rekurriert. So schreibt er: «Warum ich ‹Jä gäll, so geit's!› berndeutsch verfasste, weiss ich nicht; es war ein glücklicher Einfall. Ich hatte damit mein ureigenstes Gebiet entdeckt.» Die Themen seiner Erzählungen entnimmt er der Geschichte; die Religion geniesst einen hohen Stellenwert. Das hat wohl mit seiner Erziehung zu tun, die er unter anderem in der Lerberschule erhielt [siehe Nägeligasse 2]. Tavel schreibt aber auch hochdeutsche Texte, deren Inhalt stärker gegenwartsbezogen ist. Obwohl er seit 1915 als freier Schriftsteller lebt, darf man ihn nicht darauf reduzieren: Nach seinen Studien in Jura und Kameralwissenschaften arbeitet er von 1893 bis 1896 und von 1905 bis 1915 als Redaktor beim Berner Tagblatt; dazwischen ist er Direktionssekretär der Mobiliarversicherung. Er ist Feuerwehrhauptmann im städtischen Brandkorps und erreicht den Hauptmannsgrad auch im Militär, wo er den Ersten Weltkrieg mitmacht. Dazu versieht er viele Ehrenämter, so als Präsident des Kirchgemeinderats, als Synodalrat, als Präsident der Neuen Mädchenschule, der Mädchentaubstummenanstalt in Wabern und als Mitglied der Zentralschulkommission.

○ 1 | Rudolf von Tavel (2. von links) mit seinen Brüdern (von links) Albert (1859–1941), Franz (1863–1941) und Alexander (1856–1933). Mit dem treuherzigen Blick: Hund Nero
BBB: N Rudolf von Tavel 394 (7)

2 | Als Teilnehmer am Umzug zur Gründungsfeier Berns 1891
BBB: N Rudolf von Tavel 91

3 | Rudolf von Tavel als Offizier in der Zentralschule in Thun, Oktober/November 1890
BBB: N Rudolf von Tavel 394 (1)

4 | Wohnhaus von Rudolf von Tavel
BBB: FP. D. 541

5 | Arbeitsplatz von Rudolf von Tavel
BBB: FN. K. C. 109

6 | Arbeitsplatz von Rudolf von Tavel
BBB: FN. K. C. 111

7 | Rudolf von Tavel liest seine Erzählung «Der Läbchueche»

BILDERINDEX

Schützenmatte

◯ 1 | Auf dem Panorama von Hermann Völlger ist der Bauplatz der künftigen Reitschule zu sehen. Wir greifen vor: Auf dem Bild sichtbar ist die 1895–1897 gebaute Reitschule, als sie noch kein rechtsfreier Raum ist.
BBB: FN. G. C. 620
2 | Die Situation auf der Schützenmatte gut 100 Jahre später
Bild: Martin Mühlethaler

Schützenmattstrasse 12
Vor dem Automobilzeitalter werden die Strassenfahrzeuge noch zu einem guten Teil lokal hergestellt. Eine der Firmen in Bern ist der Wagenfabrikant Hoffmann an der Schützenmattstrasse.

⊙ 1 | Gebäude des Wagenfabrikanten B. Hoffmann
BBB: FP. C. 493
2 | Reklame des Wagenfabrikanten B. Hoffmann
Adressbuch 1895/96, S. 14

Schwellenmätteli

◉ 1 | Das Schwellenmätteli vor dem Bau der Turnhalle. Im Vordergrund ein Tennisplatz, links davon die Schiessanlage der Pistolenschützengesellschaft. Im Hintergrund die Kirchenfeldbrücke, noch als reine Eisenkonstruktion. Die Pfeiler werden erst später mit Beton verstärkt.
BBB: FN. G. C. 584

Schwellenmattstrasse 1

◉ 1 | Schwellenmätteli-Turnhalle, erbaut 1900 als Ersatz für jene auf dem Turnplatz am Bollwerk
BBB: FP. D. 399
2 | Turnen im Schwellenmätteli
BBB: Stumpf 77

Seftigenstrasse 99
Restaurant Schönegg (heute: Hotel Ambassador)

⊙

Seftigenstrasse 111
Das 1877 gegründete Greisenasyl (heute: Domicil für Senioren Schönegg) dient der Aufnahme würdiger notarmer Einwohner, die seit mindestens zehn Jahren in der Stadt Bern wohnen. Für die Aufnahme sind unter anderem Voraussetzung: das Unvermögen, den Lebensunterhalt selbst zu bestreiten; guter Leumund; ein Alter von wenigstens 60 Jahren oder ein andauernder Krankheitszustand, der die Aufnahme in eine Verpflegungsanstalt nötig macht; Besitz des Schweizer Bürgerrechts. Der Neubau von 1890–1893 fasst 116 Betten (52 Männer, 64 Frauen).

◉ 1 | Aussenansicht
BBB: Stumpf 59
2 | Aufenthaltsraum Frauen
StAB: T 1091 (4), Nr. 53
3 | Aufenthaltsraum Männer
StAB: T 1091 (4), Nr. 53
4 | Essraum
StAB: T 1091 (4), Nr. 53
5 | Waschküche
BBB: Stumpf 60
6 | Küche
BBB: Stumpf 61
7 | Küche
StAB: T 1091 (4), Nr. 53
8 | Konferenzsaal
BBB: Stumpf 62

97

BILDERINDEX

9 Rollstuhl aus den Neunzigerjahren
Privatbesitz, Bern

Seidenweg 12
Die Familie Simon ist seit der Mitte des 18. Jahrhunderts im Textilgewerbe tätig. 1858 richtet Eduard Simon (1822–1894) an der Schifflaube 12 in der Matte eine Seidenweberei ein. 1865 kauft er in der Länggasse ein Stück Land, auf dem er eine neue Fabrik bauen lässt. 1868 kann er die mechanische Seidenweberei in Betrieb nehmen. Sie entwickelt sich zu einem der grössten Betriebe in der Stadt. 1895 arbeiten 234 Personen dort. 1930 wird die Seidenweberei in der Länggasse geschlossen.

1 SAB: Postkartensammlung
2 SAB: Postkartensammlung

Speichergasse 6

1 Das Eidgenössische Telegraphengebäude wurde 1890–1892 erbaut. Das Bild stammt aus dem Zeitraum 1892–1895. Im Vordergrund am Brunnen Wäscherinnen
BBB: FP. G. 42

Spitalgasse

1 Spitalgasse, Leben am Pfeiferbrunnen
BBB: FP. E. 157
2 Blick nach Westen durch die Spitalgasse. Ein elektrisches Tram der ersten Generation fährt soeben durch die Gasse. Die Aufnahme lässt sich in die Jahre 1901–1907 datieren.
BBB: FN. G. E. 66

Spitalgasse 44
Die Heiliggeistkirche ist mit 2000 Sitzplätzen das grösste reformierte Gotteshaus der Schweiz, und sie gilt auch als deren schönste reformierte Barockkirche. In ihrer heutigen Form entsteht sie 1726–1729. Sie dient nicht nur dem Gottesdienst, sondern sie wird auch während des ganzen 19. Jahrhunderts als Versammlungsraum für politische Veranstaltungen benutzt.

1 Ansicht der Heiliggeistkirche von Südwesten. Links der Bahnhof, der von seiner Eröffnung im Jahr 1860 bis zur Rücksetzung im Jahr 1930 bis zur südlichen Mauerflucht der Heiliggeistkirche reicht.
BBB: FP. E. 263
2 Geläute der Kirche
Aufnahme: Mathias Walther

Spitalgasse 44

1 Schon im 19. Jahrhundert ist der Platz vor Bahnhof und Heiliggeistkirche ein Verkehrsknotenpunkt. Südlich und östlich des Bahnhofs warten die Droschken, die Taxis von damals, auf Kundschaft.
BBB: FP. F. 35

BILDERINDEX

Steinhölzli

Johann Heinrich Hess (1814–1892), ursprünglich aus Hessen stammend, pachtet 1844 den Braubetrieb Kleehof in Kirchberg. Da die Anlage bald zu klein wird, mietet er 1852 die Brauerei beim Schloss Reichenbach. Noch während er dort braut, kauft er das Bauerngut Steingrübli im Steinhölzli, wo er eine neue Brauerei bauen lässt. 1870 verlegt er den Betrieb dorthin, wo fortan das Hess-Bier entsteht. 1922 wird die Brauerei um eine Weinhandlung erweitert, die jedoch vorerst ein Schattendasein führt. Zu Beginn der Dreissigerjahre beginnt Johann Heinrichs Enkel Hector Albert Hess (1890–1957) mit der Produktion von Apfelsaft («Aplo»), dessen Absatz den des Biers bald um das Doppelte übertrifft. Er investiert nun auch in Hotels im Ausland, und Mitte der Dreissigerjahre baut er am Bärenplatz das Restaurant Zur Sonne. Während des Zweiten Weltkriegs hilft der Süssmost, den Betrieb aufrechtzuerhalten, denn die Bierproduktion ist defizitär geworden. Nach dem Krieg bricht der Absatz, unter anderem durch die Konkurrenz von Coca-Cola, auch beim Süssmost ein, und die Geschäfte laufen bis zum Ende der Fünfzigerjahre schlecht. Mit der Übernahme der Firma durch Hector Alberts Sohn Donald (geboren 1936) ändern sich die Verhältnisse wieder. Er investiert erneut in Hotels im Ausland, und in der Schweiz beginnt die Expansion im Bereich der Mineralwasser. Zusammen mit zwei Partnern baut er die Mineralquellen in Vals aus und beteiligt sich an der Mineralwasserherstellung. Schon bald übernimmt er die Aktienmehrheit. Auch in der Brauerei Steinhölzli hat Donald Hess wieder Erfolg, und es gelingt ihm, via Migros ein alkoholfreies Bier schweizweit zu verkaufen. Da Donald Hess im Biergeschäft jedoch keine grosse Zukunft sieht, verkauft er die Brauerei 1968 an Cardinal. In den 1970er-Jahren steigt das Unternehmen auch aus der Hotellerie aus und veräussert die Betriebe. Die Fortsetzung der Erfolgsgeschichte der Hess-Group ist nachzulesen in der firmeneigenen Publikation von Hermann Jacobi (Liebefeld 2005).

2 | Nicht nur die Droschken holen ihre Gäste am Bahnhof ab, sondern auch die Trams. Als Hermann Völlger sein Panorama vom Münster aus aufnimmt, verkehrt hier noch das Lufttram, von dem gleich zwei zu sehen sind. Die falsche Beschriftung unten rechts bestätigt, dass das Bild tatsächlich von einer Zürcher Firma hergestellt wurde.
FP. G. 36

1 | Brauerei Steinhölzli: Bierfuhrwerk
Jacobi, Hermann: The Hess Group since 1844. Liebefeld 2005, S. 49, Abb. 7

2 | Bieretikette
Jacobi, Hermann: The Hess Group since 1844. Liebefeld 2005, S. 50, Abb. 9

BILDERINDEX

Sternwartstrasse 5
Die 1812 errichtete hölzerne Sternwarte steht am Anfang der Gebäude für die exakten Wissenschaften auf der Grossen Schanze. Sie wird 1822 durch ein Steingebäude ersetzt. Zu Beginn dient sie ausschliesslich für astronomische Beobachtungen. Guillaume-Henri Dufour (1787–1875) wählt sie als Nullpunkt für das schweizerische Triangulationsnetz. Nach zweimaligen Umbauten 1853/54 und 1862 wird sie nach und nach zu einer meteorologischen Zentralanstalt ausgebaut. Der Physikprofessor Heinrich Wild (1833–1902) installiert selbst registrierende meteorologische und geophysikalische Instrumente und schafft so die Grundlage für das 1863 eingeführte meteorologische Beobachtungsnetz der Schweiz. Nach seinem Weggang 1868 werden die astronomischen Messungen völlig aufgegeben. 1877 wird die alte Sternwarte abgerissen und durch das neue Tellurische Observatorium ersetzt. Zusätzlich erhält das «physikalische Cabinet» neue Räumlichkeiten. So entwickelt sich die «Sternwarte», wie sie im Volksmund immer noch genannt wird, zum physikalischen Institut. Erneute Raumnot zwingt im 20. Jahrhundert zu einem weiteren Neubau, und 1961 kann das Institut für die exakten Wissenschaften das Gebäude beziehen.

○ 1 | Das Tellurische Observatorium kurz nach dem Neubau
BBB: PW. 213, Nr. 46

Theaterplatz/Aulastrasse
Blick vom Theaterplatz Richtung Süden

◉ 1 | Die Situation am heutigen Casinoplatz um 1905–1907. Das ehemalige Polizeigebäude weicht kurz nach dieser Aufnahme der Vergrösserung des Platzes. Dahinter entsteht bald darauf das Casino.
BBB: Kp. IV. 277, S. 53 unten
2 | Die gleiche Ansicht 100 Jahre später
Bild: Martin Mühlethaler

Theaterplatz 7
1798 richten die Franzosen für kurze Zeit im Hôtel de Musique ein Café ein. Nach einem Unterbruch wird es in der Restaurationszeit wieder eröffnet. «Du Théâtre» heisst es erst seit der Mitte des 19. Jahrhunderts. Die beiden Postkarten zeigen das Innere des Cafés um 1900.

◉ 1 | BBB: FP. D. 27
2 | BBB: FP. D. 28

BILDERINDEX

Theaterplatz 13

⦿ 1 | Die Hauptwache beherbergt 1894 die Büros des kantonalen Polizeiinspektorates. Das 1766–1768 errichtete Gebäude ist ursprünglich das Lokal des städtischen Wachtkorps. Nach der Helvetik wird seit 1804 die Stadtgarnison dort einquartiert. 1832 bezieht das neu geschaffene kantonale Landjägerkorps die Hauptwache. Von 1900 bis 1907 benutzt noch einmal die Stadtpolizei (und mit ihr die Feuerwehr) das Gebäude, bis sie ins neue Amthaus umziehen kann. 1909/10 erfolgt der Umbau zum Geschäftshaus.
BBB: FP. G. 69

Thunplatz

○ 1 | Die ehemalige Nordfassade der Bibliotheksgalerie wird 1912 am Thunplatz als Brunnen wieder aufgestellt. Die ursprüngliche Beschriftung «Historisches Museum» hätte an einem Brunnen etwas ungewöhnlich gewirkt; man ändert sie deshalb in «Musis et Patriae».
BBB: FN. K. C. 31

2 | Panorama vom Thunplatz im Jahr 2007
Bild: Martin Mühlethaler

Thunstrasse 20

⦿ 1 | Reklame für die Sprachheilanstalt von Fräulein Abrecht
Adressbuch 1895/96, Inseratenteil, S. 6

Turnplatz

○ 1 | Die Situation am unteren Ende des Bollwerks im Jahr 1897: im Vordergrund die Turnhalle, weshalb der Platz, auf dem später das Amthaus stehen sollte, Turnplatz heisst. Rechts dahinter das eben erst fertig gestellte Telegraphengebäude an der Speichergasse 6. Links hinter der Turnhalle die alte Anatomie, noch weiter links das Kunstmuseum. Hinter der Anatomie ist das Dach des Naturhistorischen Museums sichtbar. Der runde Teil in der Mitte der Anatomie ist der ehemalige Kohlerturm, Teil der äusseren Ringmauer von 1345. Er dient seit 1836 als Hörsaal.
BBB: FP. D. 490

2 | Der Turnplatz im Jahr 2007 aus dem gleichen Blickwinkel
Bild: Martin Mühlethaler

BILDERINDEX

Uferweg 1–17

○ 1 | Die Situation unterhalb des Altenbergstegs ungefähr zu Beginn der 1880er-Jahre. Die Verwendung der einzelnen Gebäude ergibt sich aus der Beschriftung. In der Aare steht das heute verschwundene Flotschrad: Es betreibt ein Kleinkraftwerk, das Strom für die Brauerei (Uferweg 11–17) und seit 1888 für die Badwirtschaft (Uferweg 4 und 7) liefert. Mit dem Bau des Dammwegs 1910–1915 verschwindet das Wasserrad, und die Brauerei wird an den heutigen Standort (Uferweg 42) verlegt.
BBB: Dokumentation Bern, Neg. 12 120

Uferweg 4
Landvogt Albrecht Frisching erhält 1785 die Konzession zum Betrieb einer Badwirtschaft und einer Brauerei. Die Wirtschaft Altenberg am Uferweg 4 besteht noch heute, serviert mittlerweile aber türkische Spezialitäten.

Uferweg 7
Die öffentliche Badstube am Uferweg 7 existiert 1894 noch, verschwindet aber ebenfalls mit der Aarekorrektion und dem Bau des Dammweges in den Jahren 1910–1915.

Uferweg 10
In diesem Wohn- und Verwaltungshaus wohnen die Brauereibesitzer (1894: Ruppert Gassner) und führen von dort aus ihre Geschäfte. Das Pentagramm auf dem Dach ist ein Brauereistern.

Uferweg 15–17

○ 1 | Flotschrad im Altenberg. Im Hintergrund Bau der Kornhausbrücke
SAB: SFA TAB 007
2 | Flotschrad im Altenberg (ganz rechts am Bildrand)
BBB: FN. G. D. 43

Wabern, Schule

○ 1 | Mädchenklasse
StAB: N. Walter Laedrach 10
2 | Knabenklasse
StAB: N. Walter Laedrach 36
3 | Mittagstisch
StAB: N. Walter Laedrach 53.1
4 | Knaben in der Pause
StAB: N. Walter Laedrach 42
5 | Spielende Mädchen
StAB: N. Walter Laedrach 42

BILDERINDEX

6 Knaben im Wald. Die Funktion des Turnens als Vorbereitung auf den Militärdienst wird hier besonders schön sichtbar.
StAB: N. Walter Laedrach 10

Wabernstrasse 10

1 Sulgenbach-Schulhaus
BBB: PW. 213, Nr. 74

Waisenhausplatz 30

1 Städtisches Gymnasium
BBB: FPa. 1, S. 1, Nr. 3

Waisenhausplatz 32
Das 1782/83 erstellte Gebäude dient von 1786 bis 1938 als burgerliches Waisenhaus. Seither befindet sich das Waisenhaus (heute: Burgerliches Jugendwohnheim) am Melchenbühlweg. Seit 1942 ist im ehemaligen Waisenhaus das Hauptquartier der Stadtpolizei.

1 Eingangsportal des Waisenhauses
BBB: Stumpf 37
2 Der Maler Martin Lauterburg (1891–1960) als Waisenhauszögling
BBB: FP. C. 523
3 Rudolf Heinrich Jäggi, geboren am 3. April 1890, später im Leben Keramiker. Ob ihm die Erfahrung von Zuneigung verwehrt geblieben ist?
BBB: FP. C. 517
4 Zöglinge des Waisenhauses auf ihrer mehrtägigen Konfirmandenreise
BBB: FPa. 5, S. 2
5 Ein Schwarzer an der Mauer des Waisenhauses, von einem Lehrer fotografiert. Leider gibt es keinen Kommentar dazu, der auf den Anlass dieser Zurschaustellung hinweisen würde. Zu jener Zeit gibt es manchmal Ausstellungen von Missionen, die so Geld für die «armen Wilden» sammeln.
BBB: FPa. 5, S. 12
6 Schneeballschlacht vor dem Waisenhaus
BBB: FPa. 5, S. 14

Waisenhausstrasse 5
Die Sammlung des Naturhistorischen Museums ist ursprünglich Teil der Bibliothekssammlung. 1832 erst entsteht das Museum als eigenständige Institution, welche das ehemalige Naturalienkabinett und die Gewächse des Botanischen Gartens übernimmt. Die Sammlung verbleibt vorerst in der Bibliotheksgalerie. Mit der Güterausscheidung zwischen Einwohner- und Burgergemeinde im Jahr 1852 kommt das Museum zur Burgergemeinde, der es auch heute noch gehört. Mit der Verselbständigung des Botanischen Gartens und dessen Umzug ins Rabbental 1863 wird das Museum von dieser Aufgabe entlastet. Das Botanische Institut übernimmt die Herbarien des Museums, so dass diesem seither eine botanische Abteilung fehlt. Da der Platz mit der Zeit knapp wird, erstellt die Burgergemeinde von 1878 bis 1882 einen Neubau an der Waisenhausstrasse, direkt dem

1 Das Naturhistorische Museum an der Waisenhausstrasse (heute: Hodlerstrasse). Vor dem Eingang stehen zwei Kupferschwäne, die als Lampen dienen. Sie befanden sich vorher beim Murtentor. 1878 schenkt sie die Stadt dem Museum.
BBB: FN. G. E. 655
2 Das Murtentor, der westliche Stadtausgang am Hirschengraben. Links und rechts des Brückenendes im Vordergrund sind die beiden Schwäne erkennbar, die später vor das Naturhistorische Museum zu stehen kommen.
BBB: FP. E. 248
3 Aus der Sammlung von Afrikafotos von Eric Miville. Man beachte die unterschiedliche

BILDERINDEX

Kunstmuseum gegenüber. 1934 zieht das Museum an seinen heutigen Standort im Kirchenfeld. Der alte Bau wird abgerissen, und die Eidgenössische Obertelegraphendirektion erstellt dort ein Gebäude, das ihren Bedürfnissen besser entspricht. Zu den folgenden Bildern: Im Archiv des Museums befindet sich unter anderem die Fotosammlung eines nicht näher identifizierbaren Eric Miville mit Bildern aus Afrika. Sie dürften für Ethnologen, Geographen und Sozialhistoriker sehr aufschlussreich sein. Die hier abgebildeten Fotos zeichnen sich aber vor allem durch ihren recht hohen Unterhaltungswert aus.

Höhe der Fahnen!
BBB: VA NHB 81 (33)

4 Aus der Sammlung von Afrikafotos von Eric Miville
BBB: VA NHB 81 (92)

5 Aus der Sammlung von Afrikafotos von Eric Miville
BBB: VA NHB 81 (11)

6 Aus der Sammlung von Afrikafotos von Eric Miville
BBB: VA NHB 81 (128)

7 Aus der Sammlung von Afrikafotos von Eric Miville
BBB: VA NHB 81 (92-x)

8 Aus der Sammlung von Afrikafotos von Eric Miville
BBB: VA NHB 81 (119)

9 Aus der Sammlung von Afrikafotos von Eric Miville
BBB: VA NHB 81 (135)

10 Aus der Sammlung von Afrikafotos von Eric Miville
BBB: VA NHB 81 (137)

Waisenhausstrasse 12

Mit dem Jahr 1820 beginnt die eigentliche Geschichte des Kunstmuseums. In diesem Jahr kauft der Kanton 13 Gemälde und eine grössere Anzahl von Zeichnungen und Drucken und macht sie der Öffentlichkeit zugänglich. Im Lauf des 19. Jahrhunderts befinden sich die Sammlungen in verschiedensten Gebäuden, bis sie im 1876–1878 erbauten Kunstmuseum vereinigt werden. Die Statuen, die heute das Museum zieren, kommen erst 1895 dazu. Bei der Eröffnung des Kunstmuseums 1879 besteht die Sammlung aus knapp 300 Kunstwerken. Deren Vergrösserung veranlasst zwei Erweiterungsbauten, die 1936 und 1983 eröffnet werden. Zu diesem Zeitpunkt umfasst sie über 2000 Gemälde, rund 500 Skulpturen und ungefähr 35 000 Blätter in der graphischen Sammlung. Die hier angefügten Bilder zeigen einige Beispiele bernischer Kunst der Jahrhundertwende.

1 Das Kunstmuseum kurz nach der Fertigstellung. Im Vordergrund der Bauplatz für das Naturhistorische Museum. Die Statuen über dem Eingang fehlen noch.
BBB: FP. G. 44

2 Albert Anker (1831–1910): «Kleinkinderschule auf der Kirchenfeldbrücke» (1900)
KMB: Inv. 1594

3 Christian Baumgartner (1855–1942): Hodlerstrasse 1 (zwischen 1860 und 1883 entstanden)
BBB: Gr. A. 10

4 Rudolf Durheim (1811–1895): «Ansicht vom Hubel»
BBB: Gr. B. 657

5 Karl Gehri (1850–1922): Illustration zu Jeremias Gotthelfs «Der Geltstag»
BBB: Gr. B. 783

6 Karl Gehri (1850–1922): Illustration zu Jeremias Gotthelfs «Käthi die Grossmutter»
BBB: Gr. B. 781

7 Ferdinand Hodler (1853–1918): «Der Thunersee von Leissigen aus» (um 1905)
KMB: Inv. 1612

8 Ernst Kreidolf (1863–1956): Fabelwesen
BBB: Gr. C. 263

BILDERINDEX

9 | Adolf Methfessel (1836–1909): Schloss Wittigkofen (1901)
BBB: Gr. C. 544

10 | Clara von Rappard (1857–1912): «Die Jungfrau im Nebel» (um 1888)
KMB: Inv. 392

11 | Adolf Tièche (1877–1957): «Bern am Schwellenmätteli»
BBB: Gr. B. 305

Wasserwerkgasse 5–7
An der Wasserwerkgasse 5–7 befindet sich die Firma Ed. Rollé, Wollenspinnerei und Tuchfabrik.

1 | Blick in eine mechanische Spinnerei
SAB: SD XI, 100

Wasserwerkgasse 9, 20
In diesem Gebäude fabriziert Rudolf Lindt (1855–1909) ab 1879 seine Schokolade. Ein neues Verfahren zur Herstellung besonders zarter Schokolade macht ihn berühmt. 1899 kauft die Chocolat Sprüngli AG die Firma und die Fabrikationsgeheimnisse von Rudolf Lindt. Dieser ist zuerst noch im Verwaltungsrat der Lindt & Sprüngli, scheidet aber 1905 aus. Seine Verwandten August (1867–1927) und Walter (1867–1931) Lindt gründen in Bern eine neue Schokoladefirma und verletzen damit den Vertrag mit Sprüngli. Ein über 20 Jahre dauernder Prozess ist die Folge.

1 | Hörszene: Darüber, wie Rudolf Lindt zu seinem revolutionären Herstellungsverfahren gekommen ist, gibt es verschiedene Meinungen.
Text: Andreas Thiel

Wasserwerkgasse 11
Am 10. August 1891 beginnt die Stromproduktion im Kraftwerk in der Matte. Im neuen Turbinenhaus sind drei Turbinen mit je 110 PS Leistung installiert. Zwei davon treiben Dynamos für das Elektrizitätswerk an, die Kraft der Dritten wird für die Pressluftherstellung zum Antrieb des Lufttrams verwendet. Da die Betriebsaufnahme mit der Feier zur Stadtgründung zusammenfällt, werden der Festplatz auf dem Kirchenfeld und die Strassen zwischen Zeitglocken und Hirschengraben erstmals elektrisch beleuchtet. Bis 1894 erfasst die Beleuchtung auch die untere Stadt. Gewerbe und Industrie stellen sehr schnell auf die Verwendung von Strom um, so dass der Bedarf innert kürzester Zeit stark ansteigt. Bereits am Ende der 1890er-Jahre kann das Kraftwerk in der Matte den Bedarf nicht mehr decken.

1 | Neues Akkumulatorenhaus des Elektrizitätswerks (Kraftwerk Matte I)
Elektrizitätswerk der Stadt Bern: 100 Jahre EWB. Bern 1991, S. 5

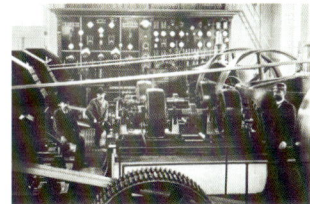

Wasserwerkgasse 13
Akkumulatorenhaus des Elektrizitätswerks

Wasserwerkgasse 15

1 | Maschinensaal der Zentrale Matte I, 1925
SAB: SF EWB 124/109

Wasserwerkgasse 17
Alte Gipsreibe

105

BILDERINDEX

Wasserwerkgasse 19
Furniersägerei und Etuifabrik

Wasserwerkgasse 21
Hammerschmiede

Wasserwerkgasse 22
Etuifabrik

Wasserwerkgasse 25
Silberschmiede

Wasserwerkgasse 27
Hier komprimiert die Berner Tramway-Gesellschaft die Luft, die sie via Druckleitung zum alten Tramdepot leitet, wo sie in die Lufttrams abgefüllt wird.

1 | Ansicht der Brücke für die Druckleitung von Westen
BBB: AK. 1046

Wasserwerkgasse 29
Hier steht seit 1893 die Firma «Schweizerische Kohlensäurewerke» (heute Carbagas), die flüssige Kohlensäure herstellt.

Wasserwerkgasse 35 a

1 | Reklame der Mechanischen Werkstätte Scheidegger & Arold/Arold & Cie
Adressbuch 1895/96, Inseratenteil, S. 20

Wasserwerkgasse 35 a–e

1 | Reklame der Gesellschaft für Kleinindustrie
Adressbuch 1895/96, S. 14

Weihergasse 3
Hier wird von 1843 bis 1876 Gas für die Stadt produziert. Nach der Verlegung des Gaswerks richtet sich an der Weihergasse 3 die Billardfabrik Morgenthaler ein. Sie existiert seit Beginn der 1870er-Jahre bis 1948 (letzter Eintrag im Adressbuch). Ein anderer Teil der Fabrik befindet sich in den Häusern Weihergasse 8–10.

1 | Alte Gasfabrik, kurz nach Aufgabe der Produktion
BBB: FN. G.D. 80

Weihergasse 3

1 | Billardfabrik Morgenthaler
BBB: Neg. III. 1282
2 | Billardfabrik Morgenthaler
BBB: Neg. III. 1272
3 | Billardfabrik Morgenthaler
BBB: Neg. III. 1266
4 | Billardfabrik Morgenthaler
BBB: Neg. III. 1271
5 | Billardfabrik Morgenthaler
BBB: Neg. III. 1275

BILDERINDEX

6 Billardfabrik Morgenthaler: Der Tisch ist mit Deckweiss freigestellt, damit sich das Bild als Vorlage für einen Katalog verwenden lässt.
BBB: Neg. III. 1279

7 Billardfabrik Morgenthaler
BBB: Neg. III. 1277

8 Billardfabrik Morgenthaler
BBB: Neg. III. 1285

9 Billardfabrik Morgenthaler
BBB: Neg. III. 1262

10 Billardtisch der Fabrik Morgenthaler im Schloss Justiniac (Südfrankreich, in der Nähe von Toulouse)
Privatbesitz, Bern

Weihergasse 8–10
Billardfabrik Morgenthaler

Wyler, Schiessstand
«Vom Eröffnungsschiessen im neuen Schiessstand auf dem Wyler bei Bern. Die neuen Einrichtungen haben sich in den drei Tagen des vergangenen Schiessens, vom Sonnntag bis Dienstag, ausgezeichnet bewährt. Die Schützen sind entzückt über die Trefflichkeit des Schiessstandes, den vorzüglichen Platz.» («Der Bund», 14./15. Juni 1894)

Wylerstrasse 48
Die Waffenfabrik wird 1871 als Montierwerkstätte gegründet; das heisst, dass man dort nur die in andern Fabriken gefertigten Teile zusammensetzt. Ursprünglich verlassen einzig Handfeuerwaffen das Werk. In der Waffenfabrik, wie sie von 1875 an heisst, werden nicht nur Waffen zusammengesetzt, sondern auch weiterentwickelt. Der Erste Weltkrieg bringt eine grosse Vermehrung der Aufgaben, da sie nun auch optische Instrumente fertigt und Personal für den Unterhalt der Waffen bei der Armee ausbildet. Trotz mehrerer Krisen überlebt die Waffenfabrik als Betrieb bis heute.

BILDERINDEX

Zeitglocken
Der Zeitglocken ist neben Münster und Rathaus ein weiteres Zentrum der Stadt. Nach seiner Uhr wurden alle öffentlichen Uhren der Stadt gerichtet. Seit der Mitte des 18. Jahrhunderts ist der Zeitglocken auch Ausgangspunkt der Distanzangaben für die Überlandstrassen. Hier sind die offiziellen Längenmasse ausgestellt, und im Durchgang werden die obrigkeitlichen Mandate publiziert. Unterhalb des Zeitglockens sind die Treffpunkte («Ständli») für die Studenten und die älteren Herren.

1 | Herrenständli (Ecke Kramgasse 87/Hotelgasse 1), Darstellung von Sigmund Wagner (1759–1835)
BBB: Gr. B. 833

2 | Burschenständli (Ecke Zeitglocken 1/Hotelgasse 2), Darstellung von Sigmund Wagner (1759–1835)
BBB: Gr. B. 832

Zeitglocken

1 | Uhr mit der 1892 aufgebrachten Malerei
BBB: FP. D. 260

2 | Detail des Uhrwerks
BBB: FP. C. 163

Zeitglocken

1 | 1894 muss der Zeitglocken seine Herrschaft über die Berner Zeit an höhere Instanzen abtreten: Die Eisenbahnen mit ihren internationalen Verbindungen machen eine Harmonisierung der Zeitmessung nötig. Der Bundesrat beschliesst deshalb, diese anzupassen. Das Berner Taschenbuch vermerkt dazu: «Die mitteleuropäische Zeit, die gegenüber der Berner Zeit um ½ Stunde vorgeht, ersetzt die letztere. Der Übergang von 12 Uhr am 31. Mai auf ½ 1 Uhr am 1. Juni wird von Vielen gefeiert.» Allerdings nicht von allen: Der konservative Politiker und Journalist Ulrich Dürrenmatt (1849–1908) schreibt in der Buchsi-Zeitung dazu das abgebildete Titelgedicht.
Berner Volkszeitung, Nr. 43, 30. Mai 1894

2 | Hörszene: Auch nach der Zeitumstellung bleibt Bern die gemütlichste Stadt der Welt.
Text: Andreas Thiel

Zeitglocken

1 | Zeichnung eines Waldau-Patienten
PMB: Sammlung Morgenthaler, Inv. Nr. 3150

Zeitglocken 5

1 | Strassenszene an der Westseite des Zeitglocken
BBB: Schachtel «Bern – Kopien»

108

BILDERINDEX

Zeughausgasse 2

In den Jahren 1711–1718 lässt die Regierung das Grosse Kornhaus bauen, um dort Getreide für Notzeiten zu lagern. Bis zum Ende des Jahrhunderts dient es diesem Zweck. Im 19. Jahrhundert werden die verschiedenen Räume an Private vermietet. 1873 kauft die Stadt das Kornhaus vom Kanton. Seit 1870 ist darin die Kantonale Muster- und Modellsammlung, das spätere Gewerbemuseum, eingerichtet. Zusätzlich befinden sich dort einige Unterrichtsräume der Handwerkerschule. Mit der grossen Renovation von 1895/96 wird das Kornhaus endgültig zum Kantonalen Gewerbemuseum. Dabei wird der Bau komplett umgestaltet, und die Fassade erhält eine neue Fenstereinteilung. Diese wird mit der Renovation von 1975/76 wieder rückgängig gemacht. Der Keller dient bis 1798 als Zehntweinlager. Danach baut man ihn zu einem Ausschankkeller mit Wein- und Spirituosengeschäft um. Im Zuge der grossen Renovation 1896–1898 wird auch er neu gestaltet. Das Fassungsvermögen steigt von 250–300 auf 900–1100 Gäste. Massgeblich an der Renovation beteiligt ist der Maler Rudolf Münger (1862–1929). Von 1896 bis 1898 sitzt er für die konservative Partei im Stadtrat. Dort regt er einen Wettbewerb für die Ausgestaltung des Kornhauskellers an. Der Stadtrat bewilligt diesen mit der Auflage, dass ein Berner Künstler den Auftrag erhalte. Gewinner des Wettbewerbs ist Rudolf Münger, der mit dieser Arbeit den Durchbruch schafft.

1 | Die Ostfassade des Kornhauses vor dem Umbau von 1895/96
BBB: FP. E. 377

2 | Der Umbau reduziert die früheren drei Fensterreihen auf zwei; aus Einzelfenstern werden Doppel- und Dreifachfenster. Der Einfluss der Moderne macht sich auch in Form des Verteilers für Telefonleitungen auf dem Dach des Kornhauses bemerkbar. Aufnahme aus dem Beginn des 20. Jahrhunderts
BBB: AK. 400

3 | Postfachanlage im Kornhaus, bis 1912 in Gebrauch. Produkt der Firma Hasler AG
Hasler Stiftung: Hasler Werke. Schrittmacher in innovativer Technik. Bern 2005, S. 43

4 | Der Kornhausplatz vor dem Bau der Brücke: Am Nordende wird er durch eine Baumreihe abgeschlossen.
BBB: FP. E. 381

5 | Der Kornhausplatz von Süden im Jahr 2007
Bild: Martin Mühlethaler

Zeughausgasse 2

1 | Diese Porträtskizze Ferdinand Hodlers (1853–1918) von Rudolf Münger dient möglicherweise als Vorbereitung für das Hodlerbild im Kornhauskeller.
BBB: N Rudolf Münger, Mappe XX

2 | Rudolf Münger stellt im Kornhauskeller viele bekannte Berner Figuren aus Wissenschaft, bildender Kunst, Musik und Wirtschaft als Ritter, Krieger, Maler, Musiker und Jäger dar, so auch seinen Freund Ferdinand Hodler als Musikant.
BBB: N Rudolf Münger, Mappe XX

3 | Pfeilerfigur im Kornhauskeller
BBB: N Rudolf Münger, Mappe XX, G 6

4 | Pfeilerfigur im Kornhauskeller
BBB: N Rudolf Münger, Mappe XX, G 7

BILDERINDEX

Zeughausgasse 2
Die erste Telefonlinie der Stadt Bern führt seit 1878 vom Münsterturm zur Stadtpolizei; so kann die Hochwacht den Feueralarm auslösen. Am 10. Juni 1880 nimmt die Eidgenössische Telegraphendirektion zu Versuchszwecken die erste längere Telefonlinie der Schweiz in Betrieb. Sie verbindet die Gemeindeschreiberei von Köniz mit der Poststelle in Wabern. Die erste öffentliche Telefonzentrale in Bern steht dem Publikum seit dem 20. September 1881 zur Verfügung. Bis weit ins 20. Jahrhundert hinein verbinden die Telefonistinnen in den Zentralen die Gesprächsteilnehmer von Hand. Das gibt ihnen die Möglichkeit, Gespräche mitzuhören. Deshalb gilt auch lange der Spruch: «Die Telefonistin weiss über alle alles.» Allerdings haben die Telefonistinnen oft kaum Zeit, zuzuhören, da sie mitunter acht bis zwölf Verbindungen gleichzeitig zu bearbeiten haben. Gespräche ausserhalb des eigenen Netzes muss man anmelden, und die Redezeit ist auf drei Minuten beschränkt. Die Verbindung zwischen Zentrale und einzelnen Abonnenten besteht aus Drähten, die alle oberirdisch geführt werden. Dabei treten oft Störungen durch Gewitter oder andere Leitungen (Tram!) auf. Erst allmählich verlegt man die Drähte in Form von Kabeln in den Boden.

1 Inserat der Firma Hasler & Escher. Es erscheint am 6. Dezember 1877 im «Bund». Die Verantwortlichen der Firma haben schnell geschaltet: Bell machte seine Erfindung im März 1876!
«Der Bund», 6. Dezember 1877

2 Porträt von Gustav Adolf Hasler (1830–1900). Er beginnt seine berufliche Karriere in der Schweiz als Gehilfe des Leiters der Eidgenössischen Telegraphenwerkstätte. 1860 übernimmt er deren Leitung. Der Bund verkauft sie schon fünf Jahre später den Herren Gustav Hasler und Heinrich Albert Escher (1828–1879). Seit dem Tod Eschers leitet Hasler die Firma allein und macht sie zu einem der grössten Unternehmen Berns. Im Jahr 1902 beschäftigt die Firma bereits rund 110 Arbeiter.
Ascom Museum, © Hasler Stiftung

3 Dachstockträger in Zug, 1895
Hasler Stiftung: Hasler Werke. Schrittmacher in innovativer Technik. Bern 2005, S. 25

4 Wandtelefone der Firma Hasler, wie sie im Katalog von 1898 präsentiert werden.
Preis-Verzeichnis der Telegraphen-Werkstätte G. Hasler in Bern. Bern 1898. Privatbesitz

5 Tischtelefon aus der Jahrhundertwende
Frei, Richard: Ein Stündchen in der Telephonzentrale einer schweizerischen Grosstadt. Zürich 1908, S. 16

6 Das Team der Hasler-Telegraphenwerkstätte im Zehendermätteli, Mai 1891
Hasler Stiftung: Hasler Werke. Schrittmacher in innovativer Technik. Bern 2005, S. 16

Zeughausgasse 8–10
Die Bauzeit der Französischen Kirche ist nicht genau bekannt; sie liegt in der zweiten Hälfte des 13. Jahrhunderts. Die erste grössere Veränderung, die man kennt, erfolgt nach der Reformation. Ein Teil der Kirche (Chor und Altarhaus) wird zu einem Kornhaus umgebaut. Im Lauf der Zeit folgen diverse Umbauten, unter anderem reisst man 1753/54 die Westfront ab und setzt sie zurück. Die Französische Kirche ist der älteste erhaltene Sakralbau Berns und der einzige der Hochgotik. Ihren Namen erhält die Kirche, weil hier seit 1623 französische Pfarrer predigen, anfänglich vor allem für die Hugenotten.

1 Ansichtskarte mit der Französischen Kirche. Ganz rechts im Bild die alte Feuerwehrkaserne (von 1907 bis 1936 an der Nägeligasse 1)
BBB: AK. 850

2 Geläute der Kirche
Aufnahme: Mathias Walther

ANLEITUNG

Installation

Auf der CD: Doppelklick im Ordner «voellger»
auf die Datei «panoramaPC» oder «panoramaMAC»

oder:

Ordner «voellger» von der CD auf die Harddisk
kopieren, Verknüpfung/Alias von der Datei
«panoramaPC» oder «panoramaMAC» auf
dem Desktop erstellen

Rechte Maustaste

Stadtplan	Wechselt in den Stadtplanmodus
Themen	Themensymbole ein- und ausschalten
Beenden	Völlger-Panorama beenden

Navigieren

bewegen	Maus
	Pfeiltasten
ein- und auszoomen	Scrollrad
	Tasten «i» und «o»
Bilder weiterschalten	Tasten «page up» und «page down»

Symbole

○ schliessen

○ zum Stadtplan

○ Hörszene

○ Textinformation

Themen

○ Alltag und Freizeit

○ Bildung und Kultur

○ Bürger und Verwaltung

○ Gebäude

◉ Medizinische Versorgung

○ Transport und Wirtschaft

○ Flurnamen

DANK

Diese CD wäre ohne die Mitarbeit vieler Personen und Institutionen nicht zustande gekommen. Gedankt sei hier zuerst Frau **Dr. Denise Wittwer Hesse,** die die Schlussredaktion übernommen hat. Mit ihren Spezialkenntnissen haben uns zudem Frau **Dr. Marie Therese Bätschmann** und Herr **Prof. Ulrich Troehler** geholfen. Zu Dank verpflichtet sind wir auch Herrn **Mario Marti** vom Stadtarchiv Bern, Herrn **Andreas Altdorfer** vom Psychiatriemuseum Bern, Herrn **Stefan Hächler** und Frau **Pia Burhalter** vom Institut für Medizingeschichte und Herrn **Marcel Frei** von der Berufsfeuerwehr Bern.

Bilder und Hinweise erhielten wir von verschiedensten Institutionen, Firmen und Privatpersonen:

Frau **Marlies Ammann,** Bern
Frau **Eve Angst,** Bern
Association frères Lumière, Paris
Bernisches Historisches Museum
Herrn **Daniel Berthoud,** Bern
Berufsfeuerwehr Bern
Fotostiftung Schweiz, Winterthur
Herrn **Sven Germann,** Zofingen
Gosteli-Archiv, Worblaufen
Brauerei Gurten, Feldschlösschen Getränke AG, Rheinfelden
Gymnasium Neufeld, Bern
Hasler Stiftung, Bern
Hess Group, Liebefeld
Herrn **Dominique Hunziker,** Bern
Institut für Medizingeschichte der Universität Bern
Kunstmuseum Bern
Herrn **Kurt Matter,** Oberhofen
Frau **Regula Mordasini, Apotheke Volz,** Bern
Herrn und Frau **Hans und Magdalena Mühlethaler,** Paris
Öffentliche Bibliothek der Universität Basel
Psychiatriemuseum Bern
Staatsarchiv Bern
Stadtarchiv Bern
Städtische Denkmalpflege Bern
Stadtmühle Schenk, Ostermundigen
Herrn **René Steiner,** Schliern
Stiftung Luftbild Schweiz, Dübendorf
Herrn **J. Harald Wäber,** Bern
Herrn **Mathias Walther,** Bern
Zentralbibliothek der Universitätsbibliothek Bern

Ihnen allen danken wir für die bereitwillige und unkomplizierte Zusammenarbeit.